Jean-Marie Eveillard

VALUE INVESTING

Für Betty, Suzanne und Pauline – ohne euch drei wäre ich ein trauriger, einsamer Junge.

Jean-Marie Eveillard

VALUE INVESTING

Mein Weg, meine Erfolge, meine Fehler

FBV

Bibliografische Information der Deutschen Nationalbibliothek:
Die Deutsche Nationalbibliothek verzeichnet diese Publikation in der Deutschen Nationalbibliografie. Detaillierte bibliografische Daten sind im Internet über http://dnb.d-nb.de abrufbar.

Für Fragen und Anregungen:
info@finanzbuchverlag.de

1. Auflage 2018

ein Imprint der Münchner Verlagsgruppe GmbH
Nymphenburger Straße 86
D-80636 München
Tel.: 089 651285-0
Fax: 089 652096

Übersetzung: Sascha Mattke
Redaktion: Werner Wahls
Korrektorat: Hella Neukötter
Umschlaggestaltung: Mark-Torben Fischer, München
Umschlagabbildung: 2015, by Michael O'Brien
Satz: inpunkt[w]o, Haiger (www.inpunktwo.de)
Druck: GGP Media GmbH, Pößneck
Printed in Germany

ISBN Print 978-3-95972-067-0
ISBN E-Book (PDF) 978-3-96092-112-7
ISBN E-Book (EPUB, Mobi) 978-3-96092-113-4

Weitere Informationen zum Verlag finden Sie unter

www.finanzbuchverlag.de

Beachten Sie auch unsere weiteren Verlage unter www.m-vg.de.

INHALT

KAPITEL 2 – VALUE-INVESTING MACHT SINN – VON GRAHAM BIS BUFFETT ... 45

KAPITEL 3 – SONDERSITUATIONEN ... 75

VORWORT ZUR DEUTSCHEN AUSGABE

Mit diesem kleinen Buch betrete ich kein Neuland. Eher können Sie es als so etwas wie meine Memoiren verstehen ...

Hauptsächlich möchte ich versuchen, damit zwei Punkte klarzumachen: 1. Value-Investing ist sinnvoll und 2. Value-Investing funktioniert dauerhaft. Mehr, so denke ich, muss man darüber gar nicht wissen.

Value-Investing ist wie ein großes Zelt. Am einen Ende davon sitzt Benjamin Graham, der Begründer der Value-Schule. Im Jahr 1949 hat er das Buch *The Intelligent Investor* veröffentlicht, von dem Warren Buffett sagt, es sei »bei Weitem das beste Buch über Geldanlage, das je geschrieben wurde«. Graham schreibt über »Mr. Market« (als das Kollektiv der Anleger), der regelmäßig zwischen »Gier« und »Angst« hin- und herschwankt, was im ersten Fall Verkaufs- und im zweiten Fall Kaufgelegenheiten entstehen lässt. Graham verstand die menschliche Natur. Leider kann ich dasselbe nicht über die Akademiker sagen, die in den 1960er-Jahren die »Effizienzmarkthypothese« entwickelten. Diese geht – fälschlich – davon aus, dass jedes Stück neuer Information über ein Unternehmen unverzüglich in den Preis seiner Aktie einfließt. Nach Graham half die Arbeit der »behavioristischen« Schule (und darin insbesondere Daniel Kahneman) dabei, diese Akademiker zu widerlegen.

Am anderen Ende des Zelts befindet sich Warren Buffett, der mit Hilfe seines Partners Charlie Munger bedeutende und erfolgreiche Anpassungen an den Lehren von Graham vorgenommen hat. Wie bei Graham beginnt auch bei Buffett alles mit den Zahlen (einschließlich der Fußnoten in Finanzberichten). Aber Buffett interessiert sich nur für solche Unternehmen, die – in seinen Augen – einen nachhaltigen Wettbewerbsvorteil haben, einen »Schutzgraben«, wie er es nennt. Buffett übertreibt manchmal, um einen Punkt klarzumachen, zum Beispiel wenn er sagt, »ich würde lieber ein überzeugendes Unternehmen zu einem fragwürdigen Preis kaufen als ein fragwürdiges Unternehmen zu einem überzeugenden Preis«. Graham, der im Jahr 1976 gestorben ist, muss sich bei diesen Worten im Grab umgedreht haben.

Value-Investing funktioniert dauerhaft: Im Jahr 1984 wollte Buffett belegen, dass sein Erfolg als Anleger nicht nur auf sein eigenes Geschick zurückzuführen ist, sondern auch auf seinen Anlageansatz. Dazu nahm er zehn Value-Anleger und zeigte, dass alle zehn im Lauf der Zeit deutlich besser abgeschnitten hatten als der Durchschnitt. Im Jahr 2004 aktualisierte Louis Lowenstein den Artikel von Buffett, und auch seine zehn Anleger (darunter unser eigener First Eagle Global Fund) hatten auf Dauer deutlich mehr erreicht als der Durchschnitt. Wenn Value-Investing also sinnvoll ist und dauerhaft funktioniert, warum gibt es dann so wenige von uns?

Die Antwort ist hauptsächlich psychologischer Natur: Value-Anleger sind langfristig orientierte Anleger (Graham sagte dazu: kurzfristig ist der Markt eine Wahlmaschine, langfristig eine Gewichtungsmaschine). Ein Value-Anleger versucht also nicht, kurzfristig mit der Benchmark oder seinen Konkurrenten mitzuhalten, sodass er gar nicht anders kann, als von Zeit zu Zeit schlechter dazustehen als der Durchschnitt. Mir persönlich ist das Ende der 1990er-Jahre drei Jahre am Stück in erheblichem Ausmaß passiert, und unser verwaltetes Vermögen ging innerhalb von weniger als drei Jahren von 6 Milliarden Dollar auf 2 Milliarden Dollar zurück. Heute verwalten wir nahezu 100 Milliarden Dollar, also wurden wir für unsere Geduld belohnt, für unsere Bereitschaft, uns von der Herde zu lösen. Denn wir gingen davon aus, dass die Herde früher oder später (es dauerte eine ganze Weile) über eine Klippe springen würde. Im Frühjahr 2000 war es tatsächlich so weit. Die Wahrheit lautet: Inmitten der Herde ist es wärmer. Aber nun ja, wir werden nicht dafür bezahlt, dass wir jeden einzelnen Tag völlig zufrieden mit uns sind.

Auf den folgenden Seiten stehen einige Beispiele für tiefen Value im Stil von Benjamin Graham (Bank für Internationalen Zahlungsausgleich), für den Value-Stil von Warren Buffett (Lindt & Sprüngli) sowie für schwere Fehler von mir selbst (Swissair).

Außerdem gibt es Kapitel über Sondersituationen, über Gold und über die Österreichische Schule der Ökonomie.

Im Anhang finden Sie ein seltenes Beispiel dafür, wie wir als »aktivistische« Anleger tätig wurden, einen Artikel von mir über die »Tyrannei der Benchmarks«, eine Aufstellung unserer langfristigen Renditen in der Zeit, als ich die Verantwortung trug, und einen Artikel über Value-Investing aus dem *Wall Street Journal*.

Darüber hinaus gibt es einen Absatz über Buderus, den deutschen Hersteller von hervorragenden Heizkesseln. Wir hielten 10 % seiner Aktien, wurden dann aber dazu gedrängt, diese Aktien an Bosch zu verkaufen – zu einem Preis, den wir für zu niedrig hielten.

Zum Abschluss: Der Schweizer Tennis-Champion Stan Wawrinka (Gewinner der Australian Open 2014, der French Open 2015 und der US Open 2016) trägt auf seinem linken Arm ein Tattoo mit einem Zitat von Samuel Beckett. »Immer versucht, immer gescheitert. Egal. Versuch es nochmal, scheitere erneut. Scheitere besser!« Das ist eine Ode an die Bescheidenheit, aber auch an die Anstrengung. Genau so wollen Value-Anleger sein.

Jean-Marie Eveillard im Oktober 2017

EINLEITUNG

NOCH EIN BUCH ÜBER INVESTING?

Schon in der Vergangenheit wurde ich einmal von einem Verlag gebeten, ein Buch übers Investing zu schreiben. Ich fand das wenig sinnvoll: Was konnte ich noch beitragen nach den Büchern von Benjamin Graham, den Briefen von Warren Buffett in den Jahresberichten von Berkshire Hathaway, nach Seth Klarman, Martin Whitman, Bruce Greenwald und vielleicht noch ein paar anderen? Doch der Verlag bestand darauf, also schrieb ich ein Kapitel und gab dann auf. Wie ich feststellte, konnte oder wollte ich nicht gleichzeitig in Vollzeit arbeiten und ein Buch schreiben.

Dann, im Januar 2013, war es mein früherer Kollege Ignatius Chithelen, der mir vorschlug, ein Buch zu schreiben. Ich zögerte erneut, aber Ignatius blieb hartnäckig, und endlich beschloss ich, tatsächlich ein kleines Buch zu verfassen, in dem ich vor allem zwei Punkte klarmachen wollte: 1. Value-Investing ist sinnvoll und 2. es funktioniert dauerhaft. Davon bin ich in der Tat überzeugt. Mit anderen Worten: Value-Investing hat mir einen Vorteil, einen Vorsprung gegenüber anderen professionellen Vermögensverwaltern mit anderen Anlagestilen verschafft. Also wollte ich, auf meine eigene bescheidene Weise, die Argumente für Value-Investing darlegen.

Zugegeben: Kenntnisse über Value-Investing bringen nicht automatisch Erfolg. Hilfreich oder sogar notwendig sind darüber hinaus die Bereitschaft, gegen den Strom zu schwimmen, Geduld, harte Arbeit, Glück und einige spezielle Fähigkeiten – wahrscheinlich in genau dieser Reihenfolge.

DIE VERGANGENEN ETWA ZEHN JAHRE

Ende 2004 erreichte ich das reife Alter von 65 Jahren und wechselte bei First Eagle Investment Management wie geplant in eine Beraterposition. Dieser Semiruhestand war genau das Richtige für mich. Anders als manche anderen Finanzmenschen möchte ich nicht an meinem Schreibtisch sterben. Außerdem gewann ich Zeit, um mich anderen Interessen zu widmen. Eine Freundin meiner Ehefrau hatte Mitte der 1970er-Jahre in einer Kunstgalerie gearbeitet und uns eines Nachmittags viele Gemälde und Zeichnungen gezeigt. Zwei der Werke gefielen Betty und mir sehr, eines von Maurice Prendergast, das andere von Theodore Robinson, aber wir konnten sie uns damals schlicht nicht leisten. Gute Zeichnungen aber waren zu der Zeit noch nicht so teuer wie heute, also kauften wir – für 5.000 Dollar – eine von John Singer Sargent, eine Vorarbeit zu seinem berühmten Gemälde Madame X. Bettys Großonkel Marvin Julian, selbst ein Porträtzeichner, bewunderte die Arbeit von Sargent. Er hat ihn sogar kennengelernt und von seinen Ratschlägen profitiert.

Anfangs kauften wir nur Zeichnungen von Frauen, ab den frühen 1990er-Jahren dann wurden wir ziemlich eklektisch und kauften auch Zeichnungen von religiösen Szenen und Landschaften, ebenso Gemälde und ein paar Skulpturen einschließlich Antiquitäten. Unser Interesse an letzteren entstand, als unsere jüngere Tochter Pauline ein Praktikum in der Antiquitäten-Abteilung des Auktionshauses Christie's machte und dann eine Weile dort arbeitete. Nach 2004 arbeiteten Betty und ich nicht mehr in Vollzeit, also konnten wir in Ruhe Museen, Galerien und Auktionshäuser in London, New York und Paris besuchen. Es gibt Städte in Europa, in denen ich noch nie gewesen bin, aber Paris (und Rom) sind zwei wundervolle Städte, in denen es ein Vergnügen ist, einfach herumzulaufen. Natürlich kommt es dabei auf das Wetter an, was bedeutet: nicht im Sommer in Rom (zu heiß) und nicht im Winter in Paris (zu regnerisch und zu dunkel). Aber ich habe keinerlei Absicht, zurück nach Paris zu ziehen und wieder dort zu wohnen. Erstens leben unsere beiden Töchter, Suzanne und Pauline, in den USA. Zweitens fangen die Franzosen nach ein paar Wochen in Paris an, mich zu irritieren. Nicht dass ich sie an sich irritierend finden würde, aber nach so vielen Jahren in New York, mehr als die Hälfte meines bisherigen Lebens, bin ich an ihre Mentalität einfach nicht mehr gewöhnt.

Anfang 2007 waren Betty und ich in Paris und verbrachten einen Abend in der Oper. Ich war noch nie in der Oper gewesen, bis Betty mich dorthin mitnahm, und seit dieser Zeit bin ich begeistert davon. Gegen Ende der Strauss-Oper »Der Rosenkavalier« muss ich immer weinen. Nach der Aufführung gingen wir essen und kamen erst nach Mitternacht nach Hause, wo eine Nachricht von Michael Kellen auf mich wartete. Die Familien Kellen und Arnhold kontrollierten damals gemeinsam Arnhold and S. Bleichroeder, die Holdinggesellschaft für First Eagle Investment Management. Ich rief zurück und erfuhr, dass Uneinigkeit zwischen dem Management der Firma und meinem Nachfolger Charles de Vaulx auf seinen Rücktritt hinauslaufen könnte – ob ich in diesem Fall bereit wäre, am Montag wieder im Büro zu sein? Ich sagte zu. Meine Überlegung war, dass den Interessen der Anteilseigner des Fonds am besten gedient wäre, wenn ich für ein paar Monate zurückkam, bis die Angelegenheit geregelt und ein neuer Fondsmanager ernannt war.

Gegen Ende 2007 verließ Chuck de Lardemelle, unser damaliger Research-Direktor (und ein hervorragender Analyst), zusammen mit mehreren internen Analysten First Eagle. Sie gründeten ihr eigenes Unternehmen, und ein paar Monate später stieß auch Charles de Vaulx zu ihnen. Wir nahmen (über Andrew Gundlach, ein Mitglied der Familie Kellen) Kontakt zu Bruce Greenwald auf, der uns dabei helfen sollte, einen neuen Research-Direktor zu finden. Nachdem Benjamin Graham im Jahr 1965 seine Dozententätigkeit an der Columbia Business School eingestellt hatte, machte Roger Murray für ihn weiter, bis 1978 auch er in den Ruhestand ging. Dann verlor Columbia den Anschluss. Erst 2001 wurde dort die Lehre von Value-Investing mit der Einrichtung des Heilbrunn Center for Graham and Dodd Investing wieder auf eine solide Grundlage gestellt. Bruce Greenwald, der 1991 an die Fakultät gekommen war, wurde Leiter des Zentrums und machte Columbia erneut zur besten Business-School für Value-Investing in den USA, ja sogar weltweit. Wir fragten bei Bruce an, weil er sehr viele Studenten ausgebildet hatte, von denen einige bereits zu Stars in der Welt der Vermögensverwaltung geworden waren. Nach einer Weile war immer noch nichts entschieden und Bruce sagte: »Warum nicht ich?« Also wurde er der neue Research-Direktor im Team von First Eagle Global Value.

Nach vielen Jahren an der Universität wechselte Bruce damit in die reale Welt. Nach einigen Monaten sprachen ein paar der Analysten aus seinem Team mich an und sagten, Bruce sei erstens einschüchternd und denke zweitens etwas anders als sie. Ich sagte ihnen, dass Bruce, wie jeder Professor, nichts lieber mag als eine gute Diskussion, dass er also erwartet, dass man dagegenhält. Am Ende wird er wahrscheinlich sagen, dass er recht hat und sein Gegenüber nicht. Junge Amerikaner sind das nicht gewohnt. Ich war es sehr wohl. In meiner Zeit als Student in Frankreich war es noch so, dass die Professoren vor dem gemeinen Volk, also uns Studenten, die »Wahrheit« verkündeten ... Es stimmt, das ist zu extrem. Auf der anderen Seite ist mir aber auch die absolute Priorität, die in den USA dem Selbstwertgefühl junger Menschen eingeräumt wird, zu extrem. Zweitens sagte ich den Analysten, dass sich Bruce' Ansatz der Geldanlage problemlos mit unserem vereinen lasse. Genau das passierte tatsächlich und unsere internen Analysten profitierten beträchtlich von Bruce. Heute ist er – so wie ich – ein Senior Adviser für First Eagle. Auf seine Bitte hin habe ich über die Jahre auch Mark Cooper, Andrew Gundlach, Mark Unferth und Eric Yip (diese beiden kamen von dem Hedgefonds Alder Hill) sowie auch Bruce selbst und Tano Santos geholfen, Vorlesungen über Value-Investing an der Columbia Business School zu halten. Bruce war so extrem freundlich, dafür zu sorgen, dass First Eagle Investment Management dort eine Professur mit meinem Namen stiftet. Dadurch bin ich jetzt unsterblich ...

Arnhold and S. Bleichroeder hatte eine Headhunter-Firma beauftragt (um einen Nachfolger zu finden), also ging ich davon aus, dass ich nur ein paar Monate lang die Verantwortung für das Portfoliomanagement übernehmen würde. Jedoch wird Value-Investing bei nur 5 % des gesamten professionell verwalteten Geldes in den USA praktiziert. Zudem kannte ich manche Value-Anlagegesellschaften seit Jahrzehnten und hatte nicht die Absicht, loszugehen und einen ihrer Portfoliomanager abzuwerben.

Also dauerte es ziemlich lange (mehr als ein Jahr), bis wir Matthew McLennan fanden, und zwar mit der Hilfe von Doug Meyer, der zusammen mit ihm bei Goldman Sachs gearbeitet hatte. John Arnhold und ich wussten fast sofort, dass er die richtige Wahl sein würde. Definitiv war er ein guter Value-Anleger. Und weil man immer sensibel für die Qualitäten ist, die man selbst nicht hat: Ich erkannte, dass Matthew, anders als ich, auch ein guter Vorgesetzter für die Anlageexperten sein würde. Und da das verwaltete Vermögen bei uns zunahm, wurde ein guter Manager für die Anlageexperten wirklich wichtig. Ich komme mit Matthew hervorragend aus und glaube, dass die First Eagle Fonds mit ihm an der Spitze des Global-Value-Teams in guten Händen sind. Wertvolle Unterstützung bekommt er von seinem obersten Leutnant Kimball Brooker und von anderen Portfoliomanagern und Analysten: Matt Lamphier (Co-Manager des US Value Fund und Research-Direktor), Mark Cooper und Manish Gupta, Co-Manager der International Small Cap Value Strategy (Manish hat 2006 bei Mark Cooper und mir gelernt), Rob Hordon, Co-Manager von Global Income Builder, Thomas Kertsos, Co-Manager des Gold Fund sowie Sean Slein und Edward Meigs, Co-Manager der Fonds Global Income Builder and High Yield, und außerdem von den anderen internen Analysten. Ich hatte den ursprünglichen Fonds sieben Jahre lang allein verwaltet, also wusste ich, wie wichtig es ist, ein gutes Team zu haben. Im März 2009 wechselte ich erneut in eine Beraterposition bei First Eagle Investment Management. Ich gehe an ein paar Tagen pro Woche ins Büro, lese die Finanzseiten der Zeitungen und versuche, bei den meisten großen Positionen des Fonds auf dem Laufenden zu bleiben.

Einige der jüngeren Analysten im Haus wissen, dass ich auf die eine oder andere Weise seit mehr als einem halben Jahrhundert im Anlagegeschäft tätig bin, und sind deshalb der Meinung, dass ich mich im Lauf einer derart langen Zeit mit einer großen Zahl von Unternehmen beschäftigt haben muss. Das ist richtig, doch wenn ich mir ein Unternehmen das letzte Mal vor 25 Jahren genauer angesehen habe, kann man nicht unbedingt sagen, dass ich bei ihm auf dem Laufenden bin. Manche Unternehmen verändern sich im Lauf der Zeit nicht allzu sehr, viele aber sehr wohl, ob zum Guten oder zum Schlechten sei dahingestellt.

Abgesehen von einer kleinen Umschichtung von einem der First Eagle Fonds in einen anderen, die ich vor Kurzem vorgenommen habe, halte ich noch heute alle Fondsanteile, die ich seit den 1970er-Jahren gekauft habe, und sie machen einen guten Anteil meiner finanziellen Rücklagen aus. Tatsächlich haben meine Investitionen in First Eagle Fonds eine achtstellige Höhe – Taten sagen mehr als Worte. Außerdem führe ich ein privates Depot, aber ich habe vor, das mit der Zeit anderen zu überlassen. Mein Vertrag mit First Eagle Investment Management sollte im Juni 2015 auslaufen, und ich war nicht sicher, ob ich ihn verlängert haben wollte – oder ob die Gesellschaft ihn überhaupt noch verlängern wollte. Ich war schließlich 75 Jahre alt, und das neue Team bei First Eagle seit mehr als fünf Jahren etabliert. Wir würden sehen.

Nun ja, wir haben gesehen. Aus Gründen, die mit dem fortgeschrittenen Alter einiger Mitglieder der beiden Familien zusammenhängen, denen die Mehrheit an First Eagle Investment Management (FEIM) gehörte, kam es dort zu einem Kontrollwechsel: Von den Private-Equity-Firmen Blackstone Capital Partners und Corsair Capital verwaltete Fonds sowie Kunden dieser beiden Gesellschaften übernahmen eine langfristig angelegte Mehrheitsbeteiligung. Ein solcher Kontrollwechsel erfordert eine Genehmigung durch die Anteilseigner der Publikumsfonds von First Eagle. Das Geschäft wurde im Dezember 2015 abgeschlossen, und ich erneuerte meinen Beratervertrag für vier Jahre.

Seit einigen Jahren bin ich bekannt mit Stephen A. Schwartzman, dem Mitgründer und CEO von Blackstone, und mit J. Tomilson Hill, der als Vice-Chairman für das Vermögensverwaltungsgeschäft von Blackstone verantwortlich ist. Blackstone ist ein außergewöhnlich erfolgreiches Unternehmen und ich habe großen Respekt vor beiden Männern. Ebenso habe ich Joseph Baratta kennengelernt, den Global Head of Private Equity bei Blackstone, und D. T. Ignacio Jayanti, Managing Partner bei Corsair Capital, und ich war beeindruckt. Die Leute bei Blackstone und Corsair verstehen unseren langfristigen Value-Investing-Ansatz. Also bin ich zuversichtlich, dass FEIM auch nach dem Kontrollwechsel weiter florieren wird.

EIN PAAR DANKSAGUNGEN

Danken möchte ich Bridget Macaskill, früher CEO bei First Eagle Investment Management, und natürlich John Arnhold und seinem Vater Henry, den Mitgliedern der Kellen-Familie Michael Kellen und Andrew Gundlach sowie dem Generaljustiziar Mark Goldstein, die mich sämtlich fair behandelt haben; nicht zuletzt möchte ich auch den internen Analysten danken, ehemaligen wie heutigen. Bruce Greenwald war großzügig mit seiner Zeit. Sorgfältig ist er eine frühere Fassung dieses

Buches durchgegangen und hat mehrere hilfreiche Veränderungen vorgeschlagen. Vielen Dank auch an Debbie Lusman, die mich – einschließlich der Tatsache, dass ich elektronisch gesehen Analphabet bin – trotz ihrer vielen anderen Verpflichtungen ertragen hat. Und an Natalia Boyarkina, die mir geholfen hat, als Debbie in Mutterschaftsurlaub ging.

Ein letzter Dank für dieses Buch geht an Ignatius Chithelen und an Stephan Wrobel: Ohne diese beiden würde es dieses Buch nicht geben. Von Ignatius stammt die Idee, er hat mich gut beraten und die Kapitel über Lindt, Shaw und Swissair sogar selbst geschrieben. Stephan ist ein großer Anteilseigner bei einem französischen Verlag, der Verbindungen in andere Länder einschließlich der USA hat. Wie man sich vielleicht vorstellen kann, ist es nicht leicht, einen Verlag zu finden, vor allem nicht für einen nur sehr gelegentlichen Autor, der gern mit seiner eigenen Stimme spricht ...

WAS JETZT KOMMT

In den folgenden Kapiteln werde ich zu erklären versuchen, wie ich Value-Anleger wurde und was anschließend passierte und warum Value-Investing sinnvoll ist. Ich werde mehrere spezielle Situationen erläutern und zeigen, dass Value-Investing dauerhaft funktioniert, und versuchen, unser früheres und heutiges Interesse an Gold zu erklären. Und ich nenne einige Beispiele für unsere Investitionen in den vergangenen Jahrzehnten (einschließlich eines bedeutenden Fehlers).

Nach einem Fazit (oder etwas Ähnlichem ...) und ein paar letzten Worten folgen in diesem Buch noch einige Anhänge: A) handelt von uns als »aktivistischen« Anlegern, B) ist ein Artikel von mir »über die Tyrannei der Benchmarks«, C) zeigt die langfristigen Renditen in der Zeit, in der ich die Verantwortung bei First Eagle trug, und D) ist ein Artikel über Value-Investing aus dem *Wall Street Journal*.

KAPITEL 1
WIE ICH VALUE-INVESTOR WURDE UND WAS DANACH PASSIERTE

DIE FRÜHEN JAHRE

Ich wurde am 22. Januar 1940 in Poitiers, Frankreich, geboren. Meine Eltern verbrachten den Großteil der Kriegsjahre in Blois, einer mittelgroßen Stadt südwestlich von Paris. Weil sie fürchteten, dass Blois bombardiert werden könnte, brachten sie mich und meine drei ebenfalls im Krieg geborenen Brüder zu meinen Großeltern, die in einem kleinen Dorf nicht weit von Poitiers wohnten. Ich erinnere mich noch vage, wie ich sah, dass nach der Invasion deutsche Offiziere Zimmer im großen Haus meines Großonkels Henri in dem Dorf in Beschlag nahmen. Zufälligerweise machte Henri, obwohl er keinen höheren Abschluss hatte, eine erfolgreiche Karriere bei der Eisenbahn, die damals ein privates Unternehmen war – erst als Stationschef des Gare d'Austerlitz, einem der wichtigsten Bahnhöfe von Paris, und später auf noch höherer Ebene. Ungefähr ein Jahrhundert zuvor hatte Napoleon die Botschaft »la carrière est ouverte aux talents« (Karrieren sind offen für Talente) verkündet, indem er Michel Ney, den noch unter 40 Jahre alten Sohn eines Gastwirts, zu einem »Maréchal de France« machte, was die höchste militärische Auszeichnung in Frankreich ist.

Auch mein Vater arbeitete, wie tatsächlich die meisten männlichen Mitglieder meiner Familie bis zurück ins späte 19. Jahrhundert, bei der französischen Eisenbahn. Nach dem Krieg schloss er sich einem Team an, das bereit war, in der französischen Besatzungszone dabei zu helfen, das deutsche Eisenbahnsystem wieder aufzubauen, das im Krieg schwer beschädigt worden war. Dadurch wohnten wir drei Jahre lang in Deutschland (in Mainz und Speyer).

Zurück in Frankreich lebten wir eine Zeit lang in Tours, einer größeren Stadt im Loire-Tal. Ich ging ein Jahr lang auf eine katholische Schule und dann den größten Teil meiner Gymnasialzeit über auf das Lycée Descartes. In Frankreich gibt es nur eine große Stadt: Paris. Also landen viele Franzosen irgendwann in ihrem Leben dort. Bei meiner Familie war es so weit, als ich 15 Jahre alt war. Das Bakkalaureat – zum Abschluss des Gymnasiums – machte ich 1956 und 1957 (es hat zwei Stufen) am Lycée Henri IV. Um die Aufnahmeprüfung für die Business School École des Hautes Études Commerciales (HEC) zu machen, wechselte ich dann an das Lycée Louis-Le-Grand. Ich musste die Prüfung zweimal ablegen, 1958 und 1959, nachdem ich beim ersten Mal durchgefallen war. Sie war sehr meritokratisch: keine Bevorzugung für Familienangehörige, keine Geschenke an die Schule, kein persönlicher Aufsatz, keine Aufnahmekommission. Zu meiner Zeit nahmen etwa 1200 junge Männer – heute sind auch Frauen zugelassen – an der Prüfung teil, und Platz gab es an der HEC nur für 200.

Also war es schwierig hineinzukommen, doch wenn man erst einmal dort war, hatte man den Abschluss fast sicher. Ein paar von uns lernten intensiv und versuchten, unter die besten 25 Absolventen zu kommen. Der Rest, einschließlich mir, machte sich weniger Arbeit. Ich spielte Bridge, sah in drei Jahren 1.000 Filme und las viele Bücher. Die meisten Vorlesungen fand ich uninteressant, außer die über Wertpapier-Analyse: Dort habe ich gelernt, wie man eine Bilanz liest. Vieles hat sich verändert, seit ich vor einem halben Jahrhundert meinen Abschluss an der HEC machte – zum Besseren. Heute ist die Schule international hoch angesehen, damals aber sah es anders aus: Unser Spitzname lautete »épiciers«, ein abfälliges französisches Wort für kleine Lebensmittelhändler. Tatsächlich studierten manche meiner Kommilitonen später weiter, für einen MBA von einer US-Universität oder einen Abschluss an der École Nationale d'Administration, der führenden französischen Hochschule für zukünftige Beamte und Manager bei staatseigenen Unternehmen.

Mein Vater war ein wenig enttäuscht, dass ich nicht wie er auf eine der besten Ingenieurshochschulen ging. Ich war dafür einfach nicht gut genug in Mathematik. Eine Neigung zum Geschäftlichen könnte ich von meinem Großonkel Pierre geerbt haben, der vor dem Zweiten Weltkrieg als Designer bei Citroën gearbeitet hatte. Er investierte – mit Erfolg – in Citroën-Aktien, unter anderem wegen des riesigen und letztlich sehr wertvollen Grundbesitzes des Unternehmens entlang der Seine in Paris. Ein bisschen ähnelte das dem Stil von Benjamin Graham. Später verkaufte Pierre Zeichnungen an das damals bekannte Magazin *L'Illustration*. Während des Krieges hatte er einen Lebensmittelladen mit Bar. Er verdiente Geld, indem er zunächst an die deutschen Besatzungssoldaten verkaufte, dann an die alliierten Truppen. Er war ein Freidenker, der sich nicht daran störte, dass seine Familie die Frau, die er heiratete, nicht anerkannte. Am Ende gab die Familie nach.

An der HEC wurde von den Studenten verlangt, dass sie in den Sommerferien Praktika machten. In meinem dritten Jahr war ich Praktikant bei *La Vie Française*, einer Wochenzeitung, die man sich als Mischung zwischen *Business Week* und dem Anlegermagazin *Barron's* vorstellen kann. Bei Gesprächen mit den Journalisten dort entwickelte ich Interesse an Geldanlagen.

Das Praktikum war eine gute Ergänzung zu der Vorlesung in Wertpapier-Analyse an der Schule. Als ich bei meinem Abschluss im Jahr 1962 hörte, dass die große französische Bank Société Générale einen Wertpapier-Analysten suchte, bewarb ich mich und bekam den Job. Die Bezahlung war schlecht: Mein erster monatlicher Gehaltsscheck belief sich auf 620 Francs, ungefähr 100 Dollar. Zugegebenermaßen war das vor einem halben Jahrhundert und die Währung hat inzwischen an Wert verloren.

Wenn ich zum Thema Währungsentwertung kurz ein wenig abschweifen darf: In der *New York Times* erschien im Jahr 2010 ein Artikel darüber. Ich lese viel, weil ich in den späten 1970er-Jahren erfahren hatte, dass Warren Buffett ein unersättlicher Leser ist. Also dachte ich: Ich bin nicht so intelligent wie Buffett, aber wenn Lesen ihm geholfen hat, könnte es auch mir helfen – und so war es auch. Aber zurück zu dem Artikel in der *New York Times*: Er handelte von einem 99 Jahre alten Mann, einem Friseur, der immer noch ein- oder zweimal pro Woche in den Frisiersalon geht und Männern die Haare schneidet. Er ist Friseur, seit er 14 Jahre alt war. Wie viele von uns werden 85 Jahre lang arbeiten? Unter anderem darum ging es in dem Artikel. Gegen Ende heißt es darin, ohne weitere Kommentierung durch den Friseur oder den Reporter, dass der Mann pro Haarschnitt 25 Cent verlangte, als er im Jahr 1925 begann, und im Jahr 2010 dann 12 Dollar (der Friseursalon lag im Bezirk Queens – in Manhattan sind Friseure teurer). Jetzt könnte man sagen, der Mann hätte seine 25 Cent im Jahr 1925 in Aktien investieren sollen. Aber der Punkt ist: Was bekommt man heute noch für 25 Cent? Fast nichts, und ganz bestimmt keinen Haarschnitt. Die Währung wurde entwertet. Und beachten Sie, dass der Friseur nur zwölf Jahre nach Etablierung der Federal Reserve am 23. Dezember 1913 zu arbeiten begonnen hat. Wie Charles de Gaulle einmal über den französischen Franc sagte: »Der alte französische Franc, so oft verstümmelt, um für unsere Scherereien herzuhalten ...«

ENDLICH ARBEITEN

Als ich am 1. September 1962 zur Arbeit bei der Société Générale erschien, hatte ich Glück. Ich kam in ein Büro mit Claude Echavidre, der Nummer zwei in der Service d'Organisation Capitaliste (SOC), der »Abteilung für kapitalistische Organisation« – ein merkwürdiger Name. Echavidre hatte einen Gedichtband geschrieben und veröffentlicht.

Auf gewisse Weise begann sein Leben erst, wenn er am späten Nachmittag das Büro verließ. Doch in einer Zeit, in der bei Geldanlage in Frankreich Tipps von Brokern und manchmal auch Insider-Informationen eine große Rolle spielten, hatte Claude Vergleichstabellen erarbeitet, in die er nach Branchen geordnet wichtige Daten zu Umsatz, Cashflow sowie Gewinn, Dividende und Bilanzdaten von Unternehmen in den vergangenen fünf Jahren eintrug, zusammen mit wichtigen Inhabern dieser Wertpapiere. Mit anderen Worten: Er bestand darauf, dass Zahlen wichtig sind und deshalb sorgfältig untersucht werden müssen. Das habe ich nie vergessen. Für Value-Anleger beginnt Geldanlage mit der Analyse von öffentlichen Informationen (und manchmal endet sie auch damit). Wenn die Analysen kein zufriedenstellendes Ergebnis bringen, kommen die Dokumente in den Papierkorb, und Value-Anleger ziehen weiter.

Gleichzeitig achtete Echavidre auch auf die Marktpsychologie oder das »Sentiment«, sodass er dazu neigte, Aktien zu kaufen, die bereits gestiegen waren, manchmal sogar stark. Also war er auf gewisse Weise auch ein »Momentum«-Anleger. Das hatte für mich keinen Reiz. Trotzdem habe ich von ihm viel gelernt, und das ist zu Beginn einer Karriere das Wichtigste: Solange man lernt, spielt Geld keine große Rolle. Relativ schnell bekam ich außerdem mit der diskretionären Verwaltung der Portfolios von wohlhabenden Privatleuten zu tun. Französische Banken sind »Universalbanken«: Sie sind sowohl im traditionellen Geschäftsbanking als auch im Wertpapier-Geschäft aktiv, auf allen Ebenen.

Bis Herbst 1967 hatte ich fünf Jahre bei der Société Générale gearbeitet und wurde unruhig. Dann bot mir die Bank eine Position als Assistent ihres Finanzrepräsentanten in New York an. Ende der 1930er-Jahre hatte irgendein scharfsinniger Manager sich überlegt, dass die Deutschen kommen würden, und das oberste Management davon überzeugt, diskret eine riesige Geldsumme nach New York zu transferieren. Nach dem Krieg baute Société Générale deshalb einen

Geschäftsbanking-Arm in New York auf, mit einer Filiale an der Wall Street. Unter anderem finanzierte diese Filiale die erfolgreiche Invasion des französischen Unternehmens Bic Pen in den USA. Unser Filialmanager hat sich einmal bei mir beklagt, dass der Mehrheitsaktionär von Bic Pen sich nicht allzu dankbar dafür gezeigt habe. Aber dankbar sind erfolgreiche Geschäftsleute ja selten ...

UMZUG NACH NEW YORK

Im Januar 1968 kam ich nach New York, wo ich sofort ein Apartment im West Village bezog, in dem vor mir ein Franzose gewohnt hatte, den ich kannte. Das Village war in den späten 1960ern ein spannender Ort. Fast jeder dort schien Hippie und Sozialist zu sein. Ich war als keines von beidem nach New York gekommen, und das blieb auch so ...

Ein paar Monate lang kannte ich keine Menschenseele, und außerdem hatte ich schnell herausgefunden, dass es einen ziemlichen Unterschied zwischen Englisch lesen und Englisch sprechen gibt. Also kaufte ich einen gebrauchten Schwarz-Weiß-Fernseher von Admiral und schaute mir die Abendprogramme an, vor allem die Dean-Martin-Show. Dann lernte ich zwei Franzosen kennen, die an der Columbia Business School studierten, und zusammen fuhren wir am Wochenende mit dem Fahrrad durch den Central Park. Sie beschäftigten sich mit Marketing, wussten aber, dass mein Fachgebiet Geldanlage war, also erzählten sie mir von Benjamin Graham, dem Gründer der Value-Schule, der bis 1965 in Columbia gelehrt hatte. Ich besorgte mir Grahams Bücher, *The Intelligent Investor* und *Security Analysis*, und vor allem ersteres öffnete mir die Augen. Auf gewisse Weise war ich erleuchtet: Ich hatte gefunden, was ich beruflich gesucht hatte. Auf ähnliche (aber erhabenere) Weise fand auch der französische Schriftsteller Paul Claudel seine Erleuchtung: Er war Atheist, und eines Tages kam er nach Chartres und ging in die Kathedrale, von der manche Menschen sagen, sie sei die schönste in Europa. Er stand neben einer Säule, als er, wie er sagte, vom Glauben erleuchtet wurde, und von da an war er für den Rest seines Lebens ein frommer Katholik. Aber zurück zu Value-Investing: Es ist nichts, an dem man erst mit der Zeit Gefallen finden kann. Entweder mögen Sie es sofort oder gar nicht. Vor einigen Jahren hat Valor Editions, der Verlag dieses Buches, mit einigem Erfolg eine französische Übersetzung von *The Intelligent Investor* veröffentlicht. Auf den Graham'schen Ansatz gehe ich später noch näher ein. Doch was mir daran besonders gefiel, war die Vorstellung von »Ordnung«, dass also der Aktienmarkt, wie es Graham formulierte, langfristig eine »Gewichtungsmaschine« ist, mit der die Realitäten – gute und schlechte – von Unternehmen abgewogen werden. Diese Realitäten sollen sich dann – irgendwann – im Kurs der Aktie widerspiegeln, während der Markt kurzfristig nur eine »Wahlmaschine« ist, bei der Händler mit ihren Wertpapier-Käufen und -Verkäufen »wählen«, und zwar auf der Grundlage von Marktpsychologie. Und Value-Anleger wollen eben auf der Seite der »Gewichtungsmaschine« stehen.

Allerdings stellte ich rasch fest, dass das Hauptquartier der Bank in Paris kein Interesse an Value-Investing hatte. Ihre Strategie bestand darin, orientiert an der Marktpsychologie in wichtige Aktien ein- und wieder auszusteigen. Im Jahr 1970 kam Société Générale zu dem Schluss, dass sie, weil ein französischer Konkurrent das Gleiche getan hatte, eine Wertpapier-Gesellschaft in New York gründen müsse (Banker sind Schafe). Also brachte die Bank einen Fonds heraus, den SoGen International Fund. Er wurde bei der SEC registriert, weil Offshore-Fonds zu dieser Zeit als Folge des Skandals um Investors Overseas Services (IOS), geleitet von Bernard Cornfeld, einen schlechten Ruf hatten. Cornfelds Verkäufer hatten in Europa aggressiv IOS-Fonds vermarktet, vor allem an in Deutschland stationierte Militär-Angehörige. Die Gebühren waren hoch, und letztlich entwickelten sich die Fonds sehr schlecht.

Ich erstellte einige Wertpapier-Analysen für unseren Fonds, aber niemand schien sich dafür zu interessieren, und ich hatte keine offizielle Aufgabe im Portfoliomanagement. Der Fonds wurde im Prinzip vom Unter-Berater Smith Barney verwaltet, und das waren nicht unbedingt Value-Spezialisten ... Ich entdeckte in New York jedoch nicht nur Benjamin Graham, sondern lernte dort auch meine zukünftige Ehefrau kennen. Wir trafen uns 1969 bei einer Dinner-Party, die ein gemeinsamer Freund von uns ausgerichtet hatte. Ich war mit ihm befreundet, weil er in New York für eine andere Bank gearbeitet hatte; Betty kannte ihn, weil sie ihr erstes Studienjahr in Genf verbracht und sich dort mit Leuten aus französischsprachigen Ländern angefreundet hatte, unter anderem mit einem Freund unseres Dinner-Gastgebers. Im Jahr 1972 heirateten wir, nachdem Betty ihr Studium an der Harvard Business School abgeschlossen und bei Lehman Brothers angefangen hatte. Heute ist sie Kuratorin der Metropolitan Opera und der Frick Collection hier in New York.

ZURÜCK IN PARIS

Ende 1974 bot mir die Zentrale in Paris an, zurückzukommen und einen ihrer Fonds zu verwalten. Als ich dort war, stellte ich fest, dass ich an einen Anlageausschuss berichtete, in dem kein einziger Value-Anleger saß. Also tat ich, was ich konnte, aber das war nicht viel. Der Fonds hatte ein Volumen von ungefähr 200 Millionen Dollar (natürlich waren diese 200 Millionen Dollar vor gut 40 Jahren wegen der Preissteigerung viel mehr wert als heute). Ich schlug einige Small Caps vor, die nach dem Bärenmarkt von 1973 und 1974 billig waren, aber es bestand kein Interesse daran. Die Mitglieder des Ausschusses wollten Namen, die sie kannten. Und am wichtigsten: Sie hatten noch nie von Benjamin Graham gehört, also war Value-Investing einfach nicht die Art und Weise, wie man in Paris arbeitete – »nicht von uns erfunden.« Im Rückblick waren meine ersten 15 Jahre bei der Bank reine Verschwendung. In den ersten fünf Jahren wusste ich nicht, wie ich bei Geldanlagen vorgehen sollte, und in den nächsten zehn hatte ich keine Möglichkeit, den Value-Investing-Ansatz von Benjamin Graham anzuwenden.

WIEDER NEW YORK

Ende 1978 bekam ich, wahrscheinlich weil Paris genug von meinen Beschwerden hatte, das Angebot, erneut nach New York zu gehen und den SoGen International Fund zu verwalten, der jetzt fast zehn Jahre alt war, aber nur auf ein Volumen von rund 15 Millionen Dollar kam. Die Registrierung des Fonds bei der SEC machte zwar seinen Vertrieb in den USA möglich, doch weil er kein französischer Fonds war, durfte er nicht in Frankreich verkauft werden. Ein Kunde konnte zwar in eine Filiale von Société Générale in Frankreich gehen und nach dem Fonds fragen, aber das taten natürlich nur wenige. Und in den USA war der Fonds nur im Bundesstaat New York registriert. Außerdem wusste ohnehin niemand in den USA etwas von Société Générale als Vermögensverwalter, und erst recht nichts von mir.

In jenem Jahr stieß ich auf eine Notiz von Lee Cooperman, der damals bei Goldman Sachs arbeitete. Er lobte Warren Buffetts Präsidenten-Briefe in den Jahresberichten von Berkshire Hathaway. Also besorgte ich mir rasch die letzten zehn Jahresberichte und las mit großem Interesse Buffetts Briefe. Auch das war Value-Investing, aber aus einem anderen Blickwinkel als bei Benjamin Graham. Besonders interessant fand ich die Erkenntnis, dass manche Geschäftslinien einfach besser sind als andere – Buffett selbst gibt zu, dass sie ursprünglich von Charlie Munger stammt. Buffett drückte es sehr deutlich aus: Er würde lieber ein überzeugendes Unternehmen zu einem fragwürdigen Preis kaufen als ein fragwürdiges Unternehmen zu einem überzeugenden Preis.

Wie üblich übertrieb er damit, um seinen Punkt klarzumachen. Trotzdem muss sich Benjamin Graham, der 1976 starb, bei diesen Worten im Grab umgedreht haben.

Beim SoGen International Fund arbeitete ich von 1979 bis 1986 alleine. Wie es der Zufall wollte, gab es damals nach dem für Geldanlage enttäuschenden 1970er-Jahrzehnt in den USA und anderswo reichlich Aktien nach dem Geschmack von Benjamin Graham, vor allem von kleinen Unternehmen. Also konzentrierte ich mich auf Aktien wie Atico Financial, das eine Bank kontrollierte und Immobilien wie zum Beispiel Orangenplantagen in Florida besaß. Ein Beispiel für eine größere Aktie ist Burlington Northern, entstanden durch die Fusion mehrerer Eisenbahngesellschaften in den 1970er-Jahren. Nach einer weiteren Fusion mit Santa Fe Pacific wurde daraus im Jahr 1995 BNSF, das dann im Jahr 2010 von Buffetts Berkshire Hathaway übernommen wurde. Ein gutes Jahrzehnt zuvor, 1988, hatte die Gesellschaft den Großteil ihrer Aktiva außerhalb des Eisenbahngeschäfts als Burlington Ressources abgespalten. Das Ressourcen-Unternehmen wiederum spaltete sein Holzgeschäft 1989 als Plum Creek Timber ab. Burlington und seine Spin-offs erwiesen sich sämtlich als gute Investitionen.

Weitere frühe Engagements in den USA waren der Energiedienstleister Enterra, die Forstunternehmen Longview Fiber und Pope and Talbot, der Waggon-Leasinganbieter GATX, Tennant, ein Lieferant von Reinigungsmaschinen, und Mills Music Trust, das Musikrechte besaß und gegen Gebühr lizenzierte. Wie mich Ed Olsen, unser erster Verkäufer, gelegentlich erinnert, gehörte zum Katalog von Mills das Lied »Do not leave your chewing gum on the bedpost overnight«. Engagements außerhalb der USA waren Canadian Pacific, damals ein Eisenbahn-Konglomerat, das ähnlich wie Burlington auch andere Vermögenswerte besaß, darunter Öl-, Gas- und Bergbau-Ressourcen sowie in den Bereichen Hotel, Telekommunikation und Straßen- und Luftlogistik. Dazu der Champagner-Produzent Taittinger, der malaysische Kasino-Betreiber Genting und der North European Oil Royalty Trust.

DIE GUTEN JAHRE

Der Fonds (heute heißt er First Eagle Global Fund) hatte einen guten Start. Über fünf Jahre (1979 bis 1983) legte er um insgesamt 188 % zu, verglichen mit 78 % im MSCI World Index. Später verstärkten wir uns personell – 1986 kam Elizabeth Tobin als Analystin dazu, 1987 Charles de Vaulx und 1993 Ignatius Chithelen (der die Idee für dieses Buch hatte). Wir gingen stärker in Richtung des Ansatzes von Buffett, allerdings nicht ohne Zögern. Elizabeth hatte für einen früheren Kollegen von mir bei Société Générale gearbeitet, der sich dann als Immobilien-Investor selbstständig machte. Er hatte sie sehr empfohlen, und er hatte recht damit. Charles war mehrere Monate lang Praktikant bei mir gewesen und arbeitete später als Kredit-Analyst bei Société Générale in New York, eine Aufgabe, die eine gute Vorbereitung für Wertpapier-Analyse ist. Im Praktikum hatte Charles deutlich mehr Interesse für meine Arbeit gezeigt als andere Praktikanten. Ignatius war mehrere Jahre lang Journalist beim *Forbes*-Magazin gewesen. Journalismus, vor allem investigativer, hat große Ähnlichkeit mit Wertpapier-Analyse.

Mitte der 1980er-Jahre schaffte es der SoGen International Fund mehrere Jahre in Folge auf die jährliche Liste der besten Fonds von *Business Week*. Außerdem wurde im Jahr 1984 die Fonds-Ratingfirma Morningstar gegründet (heute hat sie ein viel breiteres Geschäftsfeld), die kurz darauf unseren Fonds positiv bewertete. Einige der Bewertungen stammten von Abhay Deshpande, der seine Laufbahn bei einer Wertpapier-Firma in Kentucky begonnen hatte, dann zu Morningstar ging, dann bei Oakmark in Chicago arbeitete und schließlich zur Jahrtausendwende als Analyst und später Portfoliomanager zu First Eagle Funds kam, wo er bis 2014 blieb. Manchmal lud Morningstar mich ein, auf Konferenzen zu sprechen. Im Jahr 1988 etwa handelte unser neuer Verkäufer Ed Olsen im Tausch gegen einen Vortrag von mir einen kostenlosen Stand bei einer Konferenz über Publikumsfonds aus. Morningstar war (und ist immer noch) sehr einflussreich bei vielen Finanzintermediären. Und in den späten 1990ern war man dort sehr tolerant (anderswo nicht: Ich bin sogar auf einer Schwarzen Liste gelandet) gegenüber der Tatsache, dass sich unser Fonds drei Jahre lang unterdurchschnittlich entwickelte – Morningstar führte die schwache Performance darauf zurück, dass Value-Investing vorübergehend (aber ganz schön lange) außer Mode sei. Also sind wir Morningstar zu großem Dank verpflichtet. Die Hilfe war von unschätzbarem Wert, als wir klein waren und als wir – deutlich später – bei der Performance hinterherhinkten. Und ich bin sehr froh darüber, dass sich sowohl die Unterstützung als auch später die Geduld von Morningstar letztlich als richtig erwiesen. Danke, *Business Week*, und danke, Morningstar!

Bald sollten Elizabeth und Charles als Analysten zu mir kommen, doch ich brauchte auch einen Verkäufer, einen Großhändler, wie man sagt, weil er in Wirklichkeit, von Ausnahmen abgesehen, mit Finanzberatern zu tun hat, die eigene Kunden haben. Das Hauptquartier der Bank in Paris davon zu überzeugen, dass ich einen Verkäufer einstellen durfte, erwies sich als schwierig. Endlich empfahl mir jemand, der die bürokratischen Vorgehensweisen der Bank besser verstand als ich, bei einem amerikanischen Berater einen 15-seitigen Bericht zu bestellen, in dem er die Einstellung eines Großhändlers empfiehlt. Das tat ich. Der Berater war Robert Wadsworth. Im Jahr 1987 ließ mich die Bank Ed Olsen einstellen, der mehrere Jahre lang die gesamten USA als Verkaufsgebiet hatte. Ed ist vor ein paar Jahren in den Ruhestand gegangen, nachdem er bedeutende Beiträge zur Entwicklung unserer Fonds geleistet hatte. Er verfügte über ein gutes Urteilsvermögen. Schnell wurde ihm klar, dass große Firmen wie Merrill Lynch kein Interesse daran hätten, unseren kleinen Fonds zu vertreiben. Damals verkauften große Brokerhäuser sowieso lieber ihre eigenen Fonds. Wie Ed jedoch herausfand, hatten manche Aktienbroker die großen Firmen verlassen und allein oder mit wenigen Partnern eigene Finanzplanungsunternehmen gestartet. Ihnen gefiel die Idee, unabhängig entscheiden zu können, in welche Publikumsfonds sie die Ersparnisse ihrer Kunden investieren, also waren sie auch eher geneigt, sich unseren kleinen Fonds anzusehen. Einige dieser Finanzplaner hatten sich unter ihren Branchenkollegen einen guten Ruf als geschickte Anleger erarbeitet. Von diesen fanden Margaret Starner und Isabel Smith Gefallen an unserem Fonds und erwähnten ihn lobend bei mehreren Kollegen. Danke, Ed, und danke, Margaret und Isabel. Ihr wart da, als wir klein waren und euch gebraucht haben. Apropos Ed Olsen: Er war immer sehr darauf bedacht, mich bei Laune zu halten. Einmal hielt ich in Florida eine Rede vor einer Gruppe von Privatkunden von Finanzplanern. Nach ein paar Minuten bemerkte ich, dass einige der Zuhörer einzuschlafen schienen und später noch mehr. Ich brachte meine Rede rasch zu Ende und sagte zu Ed, ich müsse sie komplett überarbeiten, weil ich die Zuhörer zum Einschlafen bringe. Ed dachte kurz darüber nach und sagte dann: »Erstens sind wir in Florida, also ist es warm und die Leute sind alt, und zweitens, sie schließen nur die Augen und denken, sie hören Maurice Chevalier.« Sofort war ich wieder bester Stimmung.

Bis der Fonds von 15 Millionen Dollar auf 100 Millionen Dollar im Jahr 1987 gewachsen war, dauerte es fast neun Jahre. 1987, im Jahr des Oktober-Crashs, gewann der Fonds 13,8 %. 1990 dann, einem Bärenmarkt-Jahr, verlor er nur 1,2 %, während der MSCI World Index Verluste von 17 % verzeichnete.

Ab dem Jahr 1992 bot die Brokerfirma Charles Schwab eine Plattform an, über die unabhängige Finanzberater ihre Geschäfte abwickeln konnten. Also verließen noch mehr Berater die großen Broker, um eigene Unternehmen aufzuziehen. Bei Schwab konnten die Kunden zudem von Verkaufsprovisionen auf eine jährliche Gebühr umstellen, typischerweise in Höhe von 1 % des angelegten Vermögens. Unser Fonds wurde über die Schwab-Plattform als »no load«-Fund angeboten, also ohne Ausgabeaufschlag. Damit wuchs er bis zum Jahr 1993 rasch auf ein Volumen von 1 Milliarde Dollar an. Damals, im

Herbst 1993, starteten wir auch den Overseas Fund, der außerhalb der USA investierte, und den Gold Fund, was sieben Jahre zu früh war ... Vier Jahre später kamen wir auf ein Gesamtvolumen von 6,5 Milliarden Dollar.

DIE SCHWIERIGEN JAHRE

In den späten 1990er-Jahren aber begannen die Schwierigkeiten, denn ich weigerte mich, bei dem mitzumachen, was in meinen Augen eine Manie bei Technologie, Medien und Telekommunikation (TMT) war. Langfristig hat Value-Investing tatsächlich funktioniert, und derzeit verwalten wir ein Gesamtvolumen von nahezu 90 Milliarden Dollar. Mit anderen Worten: Was wir getan haben, so stellte sich heraus, entsprach auf lange Sicht den besten Interessen nicht nur der Anteilseigner, sondern auch des Unternehmens. Kurzfristig natürlich nicht, aber was soll's? Und was die Anleger angeht, die uns Ende der 90er-Jahre den Rücken kehrten – nun, die sind selbst schuld. Das gilt vor allem deshalb, weil unser Anlageteam und auch unsere Verkäufer stets darauf hinwiesen, dass es ganz normal ist, dass unsere Fonds ab und zu schwächer sind als der Markt, da wir nicht versuchen, kurzfristig mit der Benchmark und unseren Konkurrenten mitzuhalten. An dieser Stelle möchte ich Robert Bruno, dem Leiter Vertrieb, und seinem Team (aus internen und externen Großhändlern) dafür danken, dass sie unsere Fonds als das verkauft haben, was sie sind, nicht als das, was sie nicht sind.

Ich persönlich habe immer gesagt, dass ich lieber die Hälfte unserer Anteilseigner verlieren würde (was uns Ende der 90er-Jahre tatsächlich passierte, sogar noch etwas mehr) als die Hälfte ihres Geldes. Das wiederum ist tatsächlich nicht passiert, denn später wendete sich das Blatt, und die Blase bei Technologie, Medien und Telekommunikation platzte.

Apropos unsere Großhändler: Man muss ihnen zugutehalten, dass sie ihre Reisen meistens allein absolvierten, aber ab und zu erklärte ich mich bereit, sie zu begleiten. Einer von ihnen, Andrew de Curtis, kam Ende der 90er-Jahre zu uns, in einer schwierigen Zeit. Andrew hat viel Energie, also begannen unsere Meetings mit Finanzplanern oder Brokern früh am Morgen und endeten spät am Nachmittag, auf die Gefahr hin, dass wir unseren Flug zurück nach New York verpassten. Andrew arbeitet nicht mehr bei uns, aber ich habe noch schöne Erinnerungen daran, wie wir zusammen durch Flughäfen gerannt sind.

Und was das Vermögen von ungefähr 90 Milliarden Dollar angeht, das wir heute verwalten: Manche institutionellen und privaten Anleger, die sich in den 1990ern auf ihre relative Performance konzentriert hatten, stellten um 2009/10 herum fest, dass sie im ersten Jahrzehnt des neuen Jahrhunderts Durchschnittsrenditen von rund 1–2 % pro Jahr erzielt hatten – nicht weil ihre Anlagemanager schlechter waren als die Benchmark, sondern weil sich die Aktienmärkte nach dem Platzen der TMT-Blase im Frühjahr 2000 und natürlich im Jahr 2008 auf dem Tiefpunkt der Finanzkrise schwach entwickelt hatten. Unsere Fonds (Global und Overseas) dagegen hatten das Jahrzehnt über Jahr für Jahr eine Rendite von 12 % erzielt. Die 1–2 % pro Jahr bei anderen reichten nicht aus, um den Ruhestand oder die Ausbildung der Kinder zu finanzieren. Pensionsfonds rechneten mit Renditen von 7–8 % pro Jahr, also waren 1–2 % für sie schlicht nicht genug. Und so musste, weil echte Value-Anleger nur ungefähr 5 % des gesamten professionell verwalteten Geldes ausmachen, nicht viel von den übrigen 95 % zu den 5 % hinzukommen, um das verwaltete Vermögen bei den 5 % deutlich steigen zu lassen ...

In den vergangenen drei Jahren jedoch, vor allem 2013, haben sich die Aktienmärkte in den Industrienationen gut entwickelt, insbesondere in den USA. Profitiert haben davon, neben den Growth-Anlegern, Hochfrequenzhändler, Risikoparität-Anleger und ETFs – alle drei stehen mehr oder weniger für Momentum-Stile, während der

Ansatz des Value-Investing vorübergehend einen Teil seines Glanzes verlor. Was nicht überrascht. Value-Investing ist sinnvoll und funktioniert dauerhaft, aber nicht jedes Jahr: Konsistenz ist »der Kobold kleiner Geister«, wie der amerikanische Philosoph und Schriftsteller Ralph Waldo Emerson schrieb.

DIE BEDEUTUNG VON INTERNEN ANALYSTEN

Zu unseren Analysten möchte ich sagen, dass unser Anlageerfolg auch ihnen zu verdanken war. Sie hatten drei Aufgaben. Erstens sollte jeder eine Reihe unserer bestehenden Positionen im Auge behalten; zweitens sollten sie sich meine Anlageideen ansehen (der Teufel steckt im Detail, und die Analysten wussten, dass ich es akzeptieren würde, wenn sie mir zeigen konnten, dass eine Idee nicht gut war); und drittens sollten sie eigene Anlageideen entwickeln (ich sorgte dafür, dass immer genügend Zeit für diese dritte Aufgabe zur Verfügung stand). Also schauten sie sich eine Anlageidee vielleicht eine Woche oder zwei (oder mehr) lang an. Dann sprachen wir darüber. Ich stellte ein paar Fragen. Es gab also einen Austausch, und dann entschied ich, die jeweilige Aktie zu kaufen (oder auch nicht). Aber ich machte die Arbeit der Analysten natürlich nicht noch einmal. Wenn ich also eine Aktie kaufte, dann wussten sie, dass sie ebenso sehr die Verantwortung dafür trugen wie ich. Zum Beispiel hatte Maureen McLoughlin (heute Levelis) die Idee für das Software-Unternehmen Amdocs und lieferte eine Analyse dazu. Nach dem üblichen Austausch kaufte ich diese Aktie, die prompt nachgab, sodass ich mehr davon kaufte. Immer mal wieder ging ich an Maureens Arbeitsplatz vorbei und sagte: Ich kaufe weiter Amdocs. Maureen, eine gründlich arbeitende Analystin, nickte dann nur. Und am Ende war die Aktie ein Gewinner. Natürlich stellte sich Maureen während des Kursrückgangs Fragen, aber mir gefiel, dass sie sich von dem vorübergehenden Verlust nicht beirren ließ. Maureen heiratete, bekam Kinder und ging. Wir haben sie vermisst. Übrigens besteht für interne Analysten bei Anlageverwaltern, die keine Value-Firmen (oder wie man sie sonst nennen sollte) sind, die Gefahr, dass ihr Portfoliomanager eher auf die Analysten von Goldman Sachs oder Morgan Stanley hört als auf sie, was natürlich ausgesprochen entmutigend ist. Bei uns war das nie so. Zunächst einmal beträgt der Zeithorizont typischer Wall-Street-Firmen und ihrer Kunden sechs bis zwölf Monate, während er bei uns fünf Jahre oder mehr umfasst. Also sind Analysen der Sell-Side bis auf wenige Ausnahmen nicht von Nutzen für uns. Das bedeutet, dass wir die Arbeit selbst erledigen müssen. Von wegen morgens mit Brokern telefonieren, dann ein paar Aufträge erteilen, dann mit Kunden essen gehen und nachmittags ab auf den Golfplatz mit anderen Kunden! Value-Investing erfordert, unter anderem, harte Arbeit.

Manche sagen, um Portfoliomanager zu werden, muss ein Analyst erst Portfoliokonstruktion lernen. Ich würde argumentieren, in einer Value-Firma, in der definitionsgemäß langfristig orientierte Anleger arbeiten, kommt ein Analyst, der mit verschiedenen Branchen zu tun hatte, ganz natürlich als Portfoliomanager infrage, weil er sich nicht mit weitgehend irrelevanten taktischen Fragen aufhält. »Timing ist alles«, heißt es an der Wall Street. Nun, nicht für diesen Value-Anleger. Tatsächlich habe ich oft genug Aktien gekauft, deren Kurs bereits gefallen war und weiterhin fiel. Nach einer Weile, wenn ich meine Arbeit richtig gemacht hatte (ein großes Wenn!), fanden sie einen Boden und stiegen dann wieder. Bis dahin hatte ich eine komplette Position zu einem Durchschnittskurs nicht weit oberhalb des Tiefpunkts aufgebaut. Fast nie kaufte ich die ganze Position zum niedrigsten Kurs oder verkaufte sie beim Höchststand. Wenn doch, dann war das pures Glück.

Die Größe einer Position hängt ab vom Vertrauen (gerechtfertigt oder nicht), das man in die Qualität eines Unternehmens hat, und auch von der Bewertung der Aktie. Ich verstehe durchaus, dass jemand – wenn eine Aktie intensiv gehandelt wird – eine Position schnell aufbauen will. Ich persönlich aber habe immer lieber langsam akkumuliert, weil ich dadurch Zeit hatte, über das Geschäft des Unternehmens nachzudenken. Auf der anderen Seite kann es natürlich passieren, dass eine Aktie stark steigt, nachdem ich erst wenig davon gekauft habe – und natürlich ist mir das auch schon passiert. Das muss man wegstecken können.

UNSERE FONDS SIND KEINE »VERSTECKTEN« INDEX-KLONE

Was die Frage nach konzentrierten oder diversifizierten Portfolios angeht, bin ich der Meinung, dass man sich (und seine Kunden) bedeutenden Risiken aussetzt, wenn man nur 20 oder 25 Aktien im Portfolio hat – es sei denn, man ist so schlau wie Warren Buffett. Diversifizierten Portfolios wird gelegentlich vorgeworfen, sie würden insgeheim nur den Index nachbilden. Das mag in vielen Fällen berechtigt sein, war aber bei uns nie der Fall. Tatsächlich hatten wir in den späten 1980er-Jahren (als die Kapitalisierung der Börse in Tokio die zweithöchste der Welt war) so gut wie keine japanischen Aktien, in den späten 90er-Jahren keine Technologie-, Medien- und Telekommunikationsaktien (japanische wie TMT-Aktien waren für meinen Geschmack zu teuer), und im 21. Jahrhundert bis zur Finanzkrise 2008 keine Finanzaktien (Finanzaktien sahen damals – oberflächlich betrachtet – nicht übermäßig teuer aus, doch dann erwiesen sich die Gewinne als weitgehend fiktiv). Also waren unsere Portfolios zwar diversifiziert, aber alles andere als »versteckte« Index-Klone.

Manchmal werde ich gefragt: »Warum setzen Sie nicht einfach nur Ihre 20 besten Ideen um?« Darauf antworte ich, dass ich vorher nicht weiß, welches meine 20 besten Ideen sein werden. Wenn ich es wüsste, ja, dann würde ich tatsächlich nichts anderes kaufen ...

DIE FRANZÖSISCHE BANK BESCHLIESST, UNSERE ANLAGEFIRMA ZU VERKAUFEN

Ende 1997, als es zu den ersten Anteilsrückgaben kam, beschloss das Management von Société Générale in Paris, unser Geschäft zu verkaufen. Jemand in Paris hatte sogar – indem er die Rückgaben fortschrieb – das genaue Datum ausgerechnet, an dem wir kein Geld mehr zum Verwalten übrig haben würden. Ende 1999 trank ich eine Flasche Wein (na ja, vielleicht auch mehrere) mit ein paar anderen Value-Anlegern. Einer von ihnen sagte, am Ende würden wir richtig liegen und die TMT-Blase (mediengerecht auch Dotcom-Blase) würde platzen. Ein anderer antwortete: »Ja, aber wenn sie noch ein Jahr oder zwei hält, dann werden bis dahin alle unsere Kunden verschwunden sein, also wird es keine Rolle mehr spielen.« Drei Monate später platzte die Blase tatsächlich und wir waren gerettet. Ohnehin hatte sich der zweite Anwesende getäuscht: Es gibt eine gewisse Trägheit unter den Anlegern in Publikumsfonds, erstens weil einige von ihnen offenbar nicht mitbekommen, was mit ihren Anteilen passiert, und zweitens weil andere (die »glücklichen Wenigen«) das Vertrauen in ihre Fondsmanager behalten. Also wäre ein wenig Geld in unseren Fonds verblieben, auch noch nach einem oder zwei Jahren.

Die Bank beauftragte Goldman Sachs, wo ein »Buch« erstellt wurde, das in meinen Augen viel zu werblich war. Eine Auktion wurde organisiert. Ich fühlte mich wie ein Pferd, dem potenzielle Käufer bei einer Messe in den Mund sehen, um seine Zähne zu prüfen. Es gab nur sehr wenig Interesse an uns: Value-Investing war Ende der 90er-Jahre nicht gerade en vogue, und der verlangte Preis war viel zu hoch. Ein potenzieller Käufer zog sich zurück, als die Anteilsrückgaben zunahmen. Als der Deal gescheitert war, bekam ich einen Anruf von Martin Whitman, dem Gründer des Third Avenue Funds. »Sie und ich könnten schöne Musik zusammen machen«, sagte er. Das war tatsächlich Musik in meinen Ohren, zum ersten Mal seit langer Zeit, aber es sollte nicht sein. Third Avenue Funds, wahre Value-Anleger wie wir, hatte ebenfalls sehr unter Anteilsrückgaben zu leiden.

DER KONTROLLWECHSEL UND DIE BELOHNUNG FÜR UNSERE GEDULD

Zur Jahrhundertwende wurde die Mehrheit an unserer Anlagegesellschaft von Arnhold and S. Bleichroeder übernommen. Ich hatte Henry Arnhold im Jahr 1987 kennengelernt und später seinen Sohn John, der jetzt für das Anlagemanagementgeschäft der Firma zuständig war. John hatte ein Exemplar des Verkaufsbuchs von Goldman Sachs gesehen, aber befunden (womit er recht hatte), dass der Preis deutlich zu hoch war.

Apropos Arnhold and S. Bleichroeder: In Deutschland war das 19. Jahrhundert das Jahrhundert der Industrialisierung, der Nationalstaatsgründung (1871) und der Gewährung größerer Freiheitsrechte für Juden bei ihren geschäftlichen Aktivitäten. Also eröffnete Samuel Bleichröder eine Wertpapier-Firma und wurde später zum Berater Bismarcks. In der Weimarer Republik nach dem Ersten Weltkrieg geriet das Bankhaus S. Bleichröder ins Straucheln und wurde 1931 praktisch in Liquidation vom Bankhaus Gebrüder Arnhold gekauft, einem Finanzinstitut, dem auch Unternehmen gehörten, was in den Jahren der Hyperinflation hilfreich war. Die Firma Arnhold and S. Bleichroeder verließ Deutschland Ende der 1930er-Jahre, erst in Richtung London, dann nach New York.

John Arnhold war klug: Der Preis wurde deutlich reduziert. Drei Monate später platzte die Dotcom-Blase und plötzlich ging es unseren Fonds wieder sehr viel besser. Unser großer Fonds, der Global Fund, gewann im Jahr 2000 ungefähr 10 %, 2001 noch einmal 10 %, 2002 ebenfalls 10 % und 2003 noch deutlich mehr (37 %). Was für eine Erleichterung nach drei schwierigen Jahren! Ich jedenfalls war glücklich über den neuen Eigentümer, eine familiengeführte und -kontrollierte Gesellschaft, die, genau wie ich, den Schwerpunkt auf Kapitalerhalt legt. Im Rückblick ist klar, dass Société Générale nicht zu dem niedrigen Preis hätte verkaufen, sondern lieber ein oder zwei Jahre auf eine bessere Gelegenheit warten sollen. Aber wenn eine Entscheidung in einer großen Bürokratie erst einmal gefallen ist, dann bleibt es dabei. Vielleicht dachte die Bank aber auch, ich sei hoffnungslos senil (ich war unter 60). Mit Sicherheit haben sie meinen Anlageansatz nie verstanden und es auch gar nicht versucht.

Kurz gesagt ließ John Arnhold mich und meine Kollegen einfach uns selbst sein, ganz anders als das Hauptquartier in Paris in den ersten 15 Jahren meiner Karriere oder der Verwaltungsrat unserer Fonds, der sich Ende der 1990er-Jahre gegen mich gestellt hatte. Arnhold gebührt Anerkennung für seine Geduld, denn die Anteilsrückgaben hielten noch einige Monate nach dem Platzen der TMT-Blase an. Es gibt fast immer eine Verzögerung, bis Anleger nach einer großen Blase endgültig den Mut verlieren und aufgeben. Ich jedenfalls konnte vom ersten Tag des neuen Jahrhunderts an die Lektionen anwenden, die ich von Benjamin Graham und Warren Buffett gelernt hatte, dieses Mal aber unterstützt vom unverzichtbaren Vertrauen der Mehrheitsbesitzer von First Eagle Management und des Verwaltungsrats der Fonds. Außer auf Graham und Buffett vertraute ich weiter auch auf die Schriften von anderen wie Jim Grant (mit seiner 14-täglichen Publikation *Grant's Interest Rate Observer*), Dylan Grice und James Montier sowie William White, dem früheren Chefökonomen der Bank für Internationalen Zahlungsausgleich (BIZ). Der zuletzt veröffentlichte Jahresbericht der BIZ von Mitte 2016 ist übrigens wie üblich sehr interessant in seiner Analyse der weltweiten Wirtschafts- und Finanzlage. Und schließlich habe ich auch Rat aus der Vergangenheit gesucht: bei Friedrich Hayek und Ludwig von Mises, Vertretern der Österreichischen Schule der Ökonomie.

ÜBER DIE ÖSTERREICHISCHE SCHULE

Professor Antoin E. Murphy hat im Jahr 1986 *Richard Cantillon: Entrepreneur and Economist* und 1997 *John Law: Economic Theorist and Policy Make*r veröffentlicht. Im Schlusswort eines Fachbeitrags für First Eagle Investment Management schrieb er im Jahr 2014: »Law war der erste bedeutende Finanzarchitekt ... Am wichtigsten: Law war ein Optimist, der daran glaubte, dass Geld realen Einfluss auf die Wirtschaftsaktivität hat und dass es nötig war, die Geldmenge zu erhöhen und den Zinssatz zu senken, als sich unsere Wirtschaft schwach entwickelte. (...) Er wäre mit Sicherheit ein Anhänger von quantitativer Lockerung gewesen. (...) Cantillon war, was die Bewertung von geldpolitischen Interventionen in der Wirtschaft anging, ein Pessimist. Erstens müsse die Wachstumsrate der Geldmenge am Wachstum der Realwirtschaft orientiert bleiben, zweitens müsse man wachsam sein gegenüber den Schäden, die unvernünftige Finanzinnovationen anrichten können, und drittens solle man exzessive Schuldenaufnahme vermeiden, warnte er.«

Wie es mein Nachfolger Matthew McLennan vor Kurzem in einem Interview formuliert hat: »Auf gewisse Weise war John Law prä-keynesianisch und Richard Cantillon war prä-österreichisch. Richard Cantillon endete wohlhabend, Law mittelos.«

William von Mueffling, ein sehr erfolgreicher Anlageverwalter, nannte seine Firma Cantillon Capital – ein Tribut an den irischen Ökonomen aus dem 18. Jahrhundert.

Nach dem Besitzerwechsel konnte ich – wieder – ohne enge Vorgaben arbeiten und so erneut von der Tatsache profitieren, dass Value-Investing nicht nur sinnvoll ist, sondern, und das ist am wichtigsten, auch dauerhaft funktioniert.

Im nächsten Kapitel werde ich erklären, warum Value-Investing – wie es von Benjamin Graham und Warren Buffett in Theorie und Praxis entwickelt wurde – ausgesprochen sinnvoll ist.

KAPITEL 2
VALUE-INVESTING MACHT SINN – VON GRAHAM BIS BUFFETT

Value-Investing ist ein großes Zelt, in das viele verschiedene Menschen passen. Tatsächlich gehen Value-Anleger ihren eigenen Weg und marschieren zu ihrem eigenen Takt. Andere Anleger (oder vielleicht sollte ich Händler oder Spekulanten sagen) scheinen die ganze Zeit miteinander zu sprechen. Sie sind an Klatsch interessiert. Bei Value-Anlegern ist das anders.

AM ANFANG WAR BENJAMIN GRAHAM

Am einen Ende des Value-Zelts sitzt Benjamin Graham, der Begründer dieser Schule, der zusammen mit David Dodd das Buch *Security Analysis* geschrieben hat, das erstmals 1934 veröffentlicht wurde. Im Jahr 1949 brachte er ein weiteres Buch heraus, *The Intelligent Investor*, von dem Warren Buffett sagt, es sei »bei Weitem das beste Buch über Geldanlage, das je geschrieben wurde«. Ich stimme dem von ganzem Herzen zu, auch wenn Seth Klarman mit dem vergriffenen *Margin of Safety* von 1991, Martin Whitman mit mehreren Büchern einschließlich des neuesten, zusammen mit Fernando Diz geschriebenen *Modern Security Analysis* aus dem Jahr 2013, Howard Marks mit *The Most Important Thing* und einige weitere Autoren ebenfalls sehr interessante Bücher geschrieben haben. Ansonsten sind fast alle Bücher über Geldanlage nicht einmal das Papier wert, auf dem sie gedruckt wurden. Tatsächlich sind viele von ihnen sogar ziemlich irreführend.

The Intelligent Investor hat 20 Kapitel, und die Lektüre jedes einzelnen lohnt sich. Ich möchte mich hier auf drei von Grahams Überlegungen konzentrieren:

Erstens: »Die Zukunft ist ungewiss.« Diese Binsenweisheit gilt auch für die zukünftige Entwicklung des Aktienmarktes. Es klingt offensichtlich: Nur Gott weiß es, und Er verrät es nicht. Allerdings herrscht an der Wall Street und anderswo kein Mangel an Schreibern und Auguren, die Ihnen sagen werden, dass der Dow Jones Index in vier Monaten bei 25.758 Punkten stehen wird – man kann von Glück sagen, wenn sie nicht auch noch die Nachkommastellen nennen. Das ist natürlich Unsinn. Niemand weiß so etwas. Hinter solchen Prognosen steht das, was Friedrich Hayek »Anmaßung von Wissen« genannt hat. Sowohl Graham als auch die Österreichische Schule haben also mit Bescheidenheit zu tun.

Zweitens: Genau deshalb, weil die Zukunft ungewiss ist, ist Vorsicht geboten; man braucht das, was Graham als »Sicherheitsmarge« bezeichnete – ein Polster. Laut Graham ist die Sicherheitsmarge »das Geheimnis der soliden Geldanlage«. Als Beispiel nennt er Immobilienanleihen, die in den 1920er-Jahren zum Nennwert ausgegeben wurden. In der Depression der 1930er gab es bei vielen davon Zahlungsausfälle und ihre Kurse brachen auf unter 10 Cent pro Dollar ein. Der Preisverfall um rund 90 % machte diese Wertpapiere »hinreichend sicher«, denn der wahre Wert hinter ihnen lag beim Vier- oder Fünffachen des Marktpreises. Außerdem besteht Graham darauf, dass nicht einmal die Sicherheitsmarge einen Gewinn garantiert, weil die Zukunft ungewiss ist. Aus diesem Grund ist Diversifikation erforderlich.

In seiner Vorlesung zur Auszeichnung mit dem Nobelpreis für Wirtschaftswissenschaften im Jahr 1974 schrieb Hayek: »Ich arbeite lieber mit wahrem, aber nicht perfektem Wissen, selbst wenn es vieles unklar und unkalkulierbar lässt, als mit exaktem Wissen, das wahrscheinlich falsch ist.«

Drittens: Für Graham sind Wertpapiere mehr als nur ein Stück Papier, das man auf Grundlage von Marktpsychologie kauft oder verkauft. Anleger sind für ihn tatsächlich Mitbesitzer von Unternehmen und es gibt so etwas wie den inneren (oder zentralen) Wert eines Unternehmens und deshalb auch eines Wertpapiers. Dieser innere Wert ist kein Rezept, keine Formel, keine Blackbox, denn häufig ist es schwierig, ihn zu bestimmen, sodass Fehler unvermeidlich sind. Aber das ist die beste Art und Weise, um zu investieren. Grahams »deep value«-Ansatz basiert zum Teil auf Bilanzanalysen. Sie sind die einfachste Möglichkeit zur Berechnung des inneren Wertes, aber keine todsichere Sache. Bei den Vermögenswerten und/oder den Verbindlichkeiten müssen unter Umständen bestimmte Anpassungen vorgenommen werden. Wir nehmen die gemeldeten Zahlen nie einfach hin.

Zum Beispiel kann der Wert des Lagerbestands bei einem Kleider-Einzelhändler übertrieben hoch angegeben sein. Oder die Außenstände bei manchen Kunden können verdächtig sein. Oder die Maschinen haben ein so hohes Alter, dass sie vollständig abgeschrieben, aber trotzdem sehr teuer sind, weil sie mehr oder weniger obsolet sind ... Wirtschaftsprüfer machen Fehler, weil bei Fragen der Rechnungslegung subjektive Einschätzungen eine Rolle spielen. Viele Zahlen sind Schätzungen. Leider haben in den 1990er-Jahren ziemlich viele Finanzvorstände von großen (und weniger großen) amerikanischen Unternehmen herausgefunden, dass sie die Buchstaben des Gesetzes zwar beachten, aber – mit Hilfe schlauer Rechtsanwälte – gegen deren Geist verstoßen konnten. Und für intellektuelle Unehrlichkeit kommt man nicht ins Gefängnis. Eine Praxis in dieser Zeit war, eine übertrieben hohe außerordentliche Abschreibung zum Beispiel für die Schließung einer Fabrik oder eine Akquisition vorzunehmen, die Wall Street zu überzeugen, nur auf die Gewinne vor der Abschreibung zu achten (das war der einfache Teil ...), und später mit den nicht benötigten Reserven höhere Gewinne auszuweisen. »Ein Spiel von Zwinkern und Nicken«, wie jemand dazu sagte. Auf der anderen, positiven Seite haben amerikanische Forstprodukt-Unternehmen vor einem Jahrhundert Waldflächen zum Teil für 2,50 Dollar pro Hektar gekauft. Die Konventionen zur Rechnungslegung verlangen, dass dieser Vermögenswert weiter zu den Anschaffungskosten geführt wird, obwohl der aktuelle Marktwert mehrere Tausend Dollar beträgt.

Also berechnet man einen angepassten Buchwert, und wenn der deutlich (sagen wir um 30 bis 40 %) über dem Aktienkurs liegt, kauft man die Aktie; Sorgen machen muss man sich dann nur noch um Managementfehler oder darum – am wichtigsten –, dass bei dem Unternehmen ein lang anhaltender Niedergang begonnen hat oder kurz bevorsteht. In dieser Hinsicht ist das Internet eine disruptive Kraft: Zum Beispiel haben Zeitungen ihr Geschäft mit Kleinanzeigen an das Internet verloren, und Einzelhändler mit Filialen aus Steinen und Mörtel verlieren (in einem ohnehin mit Geschäften überversorgten Land) Anteile an Spezialisten für Online-Shopping. Andere Branchen dürften ebenfalls noch zum Internet-Opfer werden.

Ein Grund dafür, dass Value-Investing sinnvoll ist, und das gilt auch für den Ansatz von Buffett, liegt darin, dass es die menschliche Natur berücksichtigt. In Grahams Buch ist von »Mr. Market« die Rede, der (als Kollektiv der Marktteilnehmer) manisch-depressiv ist – mal übermäßig optimistisch (oder gierig), mal übermäßig pessimistisch (oder ängstlich). In den 1960er-Jahren entwickelten Akademiker an vielen Universitäten, vor allem an der University of Chicago, die Idee der Effizienzmarkthypothese (EMH oder EMT), die davon ausgeht, dass Anleger rational sind und dass alle Neuigkeiten über ein Unternehmen sofort im Kurs seiner Aktie eingepreist werden. Doch damit wird die menschliche Natur verleugnet. Wenn sich die Akademiker die Mühe gemacht hätten, Grahams Buch zu lesen, geschrieben zehn Jahre zuvor, hätten sie es besser gewusst: Benjamin Graham hat die menschliche Natur verstanden. Zufälligerweise ist es so, dass das gesamte Capital Asset Pricing Model (CAPM) zweifelhaft wird, wenn man die

Effizienzmarkthypothese infrage stellt – was ich tue. Und trotzdem wird das Modell immer noch so gut wie überall gelehrt.

DANN KAM WARREN BUFFETT

Am anderen Ende des Value-Zelts befindet sich Warren Buffett, ein Schüler und Freund von Benjamin Graham, für den er sogar kurz gearbeitet hatte. Dann machte er sich selbstständig und nahm mit der Hilfe seines Partners Charlie Munger bedeutende und erfolgreiche Anpassungen an den Lehren von Graham vor. Diese Anpassungen sind vor allem in seinen Briefen an die Aktionäre von Berkshire Hathaway zu finden. Allerdings spricht Buffett darin auch andere Themen an, und er liegt häufig richtig damit. Zum Beispiel erklärte er in den 1990er-Jahren, Aktienoptionen seien Kosten und müssten deshalb bei der Berechnung des Gewinns pro Aktie berücksichtigt werden. Die Manager von Technologieunternehmen im Silicon Valley und ihre Lobbyisten in Washington versuchten den Kongress davon zu überzeugen, dass Aktienoptionen keine Geschäftskosten seien und dass es irgendwie unpatriotisch wäre, etwas anderes zu sagen – eine Zeit lang waren sie sogar erfolgreich damit. Manchmal muss man sich einfach fragen: Sind diese – vermutlich intelligenten – Menschen in Wirklichkeit Idioten oder handeln sie böswillig? Meistens wohl Letzteres ...

Auch zu Dividenden und Aktienrückkäufen hatte Warren Buffett etwas zu sagen: Wenn das Management den gesamten freien Cashflow sehr profitabel in das Geschäft reinvestieren kann, bleibt kein Spielraum für eine Dividende, befand er. Ich bin damit einverstanden.

Allerdings neigen Value-Anleger zu Aktien von Unternehmen, die eine hohe Eigenkapitalrendite, aber nur moderates Wachstumspotenzial haben, sodass sie mehr freien Cashflow generieren, als sie in ihr Geschäft reinvestieren können. Allgemein gesagt suchen wir nicht nach Unternehmen mit starkem Wachstum, weil diese Aktien oft sehr teuer sind und es für das Top-Management sehr schwierig ist, starkes Wachstum zu kontrollieren (das ist, wie sehr schnell mit einem Auto zu fahren – es kann zu einem Unfall führen, wenn der Fahrer nicht außergewöhnlich gut ist, und selbst dann). Unternehmen mit begrenztem Wachstumspotenzial dagegen stehen selten in sehr intensivem Wettbewerb mit Neueinsteigern, und aus demselben Grund ziehen sie auch keine sogenannten Growth-Anleger an, sodass ihre Bewertungen vertretbar sein können. Solche Unternehmen sollten keine Liquidität in ihrer Bilanz ansammeln, sondern eine Dividende ausschütten, möglichst eine hohe.

Zu Aktienrückkäufen möchte ich zunächst sagen, dass sie im Jahr 2007, direkt vor der Finanzkrise, ausgesprochen verbreitet waren, ebenso wie in den Jahren 2014, 2015 und 2016, nachdem sich der Index S&P 500 verdreifacht hatte; Ende 2008 und Anfang 2009 aber, also auf dem oder nahe am Tiefpunkt des Bärenmarktes, war so gut wie nichts davon zu sehen. Das hat natürlich keinen Sinn, und trotzdem ist es fast immer so. 2014, 2015 und 2016 waren Aktien leicht überbewertet, würde ich sagen. Ende 2008 und Anfang 2009 waren sie unterbewertet, insbesondere wenn man (zu Recht) berücksichtigt, dass sowohl US-Präsident Obama als auch Fed-Chef Ben Bernanke damals gesagt hatten, sie würden tun, »was auch immer erforderlich ist«. Das war mehr oder weniger eine Garantie dafür, dass auf kurze und wahrscheinlich sogar mittlere Sicht wieder wirtschaftliche und finanzielle Stabilität einkehren würde, selbst wenn die beispiellosen Maßnahmen, die von der Federal Reserve ergriffen werden sollten, langfristig gefährlich sein konnten. Doch hochrangige Politiker und Bürokraten denken nur selten langfristig. Es gilt, Mandate, Positionen in der Gesellschaft und Arbeitsplätze zu schützen. Und wie Keynes sagte, »langfristig sind wir alle tot«.

Richtig lag Buffett – erneut – auch, als er sagte, es müssten zwei Bedingungen erfüllt sein, damit die Führung eines Unternehmens einen Aktienrückkauf genehmigen könne: erstens keine Schulden zur

Finanzierung des Rückkaufs und zweitens die begründete Einschätzung des Managements, dass die Aktie deutlich unterbewertet ist. Die meisten Rückkäufe erfüllen diese beiden Bedingungen nicht (häufig sogar nicht mal eine davon). Außerdem betrachten Manager Aktienrückkäufe oft als Möglichkeit, den Kurs einer Aktie nach oben zu treiben. Wenn ein Unternehmen jedoch deutlich unterbewertet ist, lässt sich mit einem Rückkauf der innere Wert der restlichen Aktien rechnerisch erhöhen. Wenn es zum Beispiel drei Aktien mit einem inneren Wert von jeweils 10 Dollar gibt und eine davon zum Preis von 5 Dollar zurückgekauft wird, sind die zwei verbleibenden Aktien jeweils 12,50 Dollar wert (30 Dollar–5 Dollar=25 Dollar/2=12,50 Dollar), also 25 % mehr als zuvor.

Bei Buffett, ebenso wie bei Graham, beginnt alles mit quantitativen Faktoren, mit Zahlen und öffentlichen Informationen wie dem Geschäftsbericht, dem 10K-Bericht, Meldungen an die Börsenaufsicht und so weiter. Dazu gehören auch die Fußnoten in den Finanzberichten. Tatsächlich hätte man, wenn man sich die Fußnoten genau angesehen hätte, niemals Aktien von Enron gekauft, denn eine der Fußnoten des Unternehmens war ausweichend, wenn nicht sogar unverständlich. Also muss man zunächst einmal zufrieden mit den Zahlen sein. Wenn nicht, kommen die Dokumente in den Papierkorb, und man zieht weiter.

Zwar hat schon Graham auch die Wettbewerbsposition von Unternehmen beachtet, doch erst Buffett bezog qualitative Aspekte im großen Stil mit ein. Er suchte Unternehmen, die aus unterschiedlichen Gründen einen nachhaltigen Wettbewerbsvorteil haben, einen »Schutzgraben«, wie er es nannte. Auf gewisse Weise legte Buffett mehr Wert auf die Qualität des Unternehmens als auf die des Managements: »Wenn ein guter Manager mit einem schlechten Unternehmen zu tun bekommt, bleibt die Reputation des Unternehmens intakt.« Für den Versuch, Unternehmen zu finden, die auch mittel- und langfristig noch Wert schaffen, braucht es natürlich Urteilsvermögen. Hier sind Fehler wahrscheinlich, denn die Zahl der Unternehmen, die eine solche Stellung erreichen, ist ziemlich begrenzt: Geschäftsmodelle können sich im Lauf der Zeit verändern oder Manager können Fehler machen, zum Beispiel indem sie versuchen, ein Imperium zu schaffen, oder zu viel Geld für unüberlegte Akquisitionen ausgeben. Buffett suchte nach »ehrlichen und kompetenten« Managern, wie er sagt. Und die Suche nach Gräben ist zeitaufwendig, aber potenziell deutlich lohnenswerter als der Graham'sche Ansatz. Bei Buffett ist der innere Wert eines Unternehmens eine Funktion der Qualität seines »Schutzgrabens«. Man könnte also argumentieren, dass die Sicherheitsmarge ebenso sehr in der »wahrgenommenen« Qualität des Grabens liegt wie im Abschlag zum inneren Wert. Aus diesem Grund kann man an einer Aktie auch dann festhalten, wenn sie ihren – aktuellen – inneren Wert erreicht hat. Zumindest theoretisch könnte man eine Aktie tatsächlich auch zu einem nur geringen Abschlag zu ihrem inneren Wert oder sogar ganz ohne Abschlag kaufen. Dies aber nur, wenn man echtes Vertrauen in den »Schutzgraben« hat und wenn man glaubt, dass die – im Lauf der Zeit – erwartete Zunahme des inneren Werts mehr als nur bescheiden ausfallen wird (keine Zahlen, bitte ...).

DER ZIGARRENSTUMMEL UND DIE VALUE-FALLE

Buffett bezeichnete Grahams Anlagestil, lange nach dessen Tod im Jahr 1976, als den Zigarrenstummel-Ansatz. Sagen wir, der innere Wert einer Aktie wird – relativ statisch betrachtet, vielleicht von der Bilanz abgeleitet – auf 50 Dollar pro Stück geschätzt; man kauft sie bei 30 Dollar, beginnt bei 45 Dollar zu verkaufen und ist bei 50 Dollar fertig damit. Der Kursanstieg von 30 Dollar auf 45 und dann 50 Dollar war also noch ein guter Zug am Zigarrenstummel, und dann ist alles vorbei. Bei einem Abendessen für Value-Anleger saß ich einmal am selben Tisch wie Walter Schloss, der damals schon über 90 war. Ich sprach ihn auf die Sache mit dem Zigarrenstummel an. Walter schmunzelte und sagte, er habe üblicherweise noch mehrere gute Züge bekommen, nicht nur einen. Und seine langjährige Erfolgsgeschichte ist mit Sicherheit ein Beleg dafür, dass das stimmt.

Der »deep value«-Ansatz von Benjamin Graham (dem Walter Schloss sehr nahestand) wird manchmal abgetan wegen der sogenannten »Value-Falle«. Aber eine solche Falle gibt es gar nicht. Was passieren kann, sind Fehler, auch wenn sich Grahams Ansatz weniger auf das Urteilsvermögen verlässt als der von Buffett. Zum Beispiel steht der Aktienmarkt in Tokio heute wieder deutlich über seinem Tiefpunkt (aber immer noch niedriger als vor 25 Jahren), doch es kommt dort – vor allem bei kleineren Aktien – immer noch vor, dass die Nettoliquidität eines Unternehmens (Liquidität plus, soweit vorhanden, periphere Vermögenswerte nach Kapitalertragssteuer, abzüglich der Finanzverbindlichkeiten) höher ist als seine Marktkapitalisierung. Man bekommt es also für weniger als nichts. Nur leider kann ein Unternehmen, das zum Zeitpunkt des Kaufs noch einigermaßen profitabel war, in den nächsten Jahren erhebliche Verluste verzeichnen, und als Nächstes gehen dadurch die Liquidität und vielleicht auch die peripheren Vermögenswerte verloren. Dann haben Sie einen Fehler gemacht, und dafür bezahlen Sie, indem Sie Geld mit dem Kauf einer Aktie verlieren, die wie eine sichere Sache aussah. Von einer Value-Falle kann hier nicht die Rede sein, nur von einem Fehler. Wie Martin Whitman gerne sagt: »Es gibt immer etwas, das schiefgehen kann.«

In den frühen 1980er-Jahren, als kleine Aktien in Kontinentaleuropa spottbillig waren, sagte ein französischer Anlageverwalter zu mir: »Wenn wir lokalen Manager nicht eure kleinen französischen Aktien kaufen, werden sie nie steigen.« Das war Unsinn. Es ging schlicht um eine Abwägung: Die Aktienkurse waren absurd niedrig, aber Value-Anleger hätten damals sogar noch geduldiger sein müssen als normalerweise.

VETTERNWIRTSCHAFT?

Apropos Fehler und dafür bezahlen (oder auch nicht): Mir scheint, in den USA hat sich eine gewisse Vetternwirtschaft entwickelt. »Les copains et les coquins« (die Kumpels und die Schurken), wie die Franzosen zu sagen pflegten. Ein Kapitalist geht eine Wette ein, gewinnt und steckt den Gewinn ein – na schön. Aber wenn er verliert, erwartet er, dass die Regierung (mit anderen Worten: der Steuerzahler) ihn rettet. Milton Friedman hat einmal gesagt, er sei nicht für die Wirtschaft, sondern für freie Märkte, was nicht das Gleiche ist. Außerdem sagte Friedman, das System des freien Unternehmertums sei ein System von Gewinnen und Verlusten, und damit dieses System gut arbeitet, seien die Verluste genauso wichtig wie die Gewinne. Man muss also für seine Fehler bezahlen, Punkt. Oder man riskiert gesellschaftliche Unruhen. Das Problem ist, dass die Eliten heute, nicht nur in den USA, diskreditiert sind, weil sie nicht geliefert haben, was von ihnen erwartet wird.

Nun könnten manche Leute sagen, in der jüngsten Finanzkrise habe die Regierung nicht zu viele Unternehmen pleitegehen lassen können, weil massive Entlassungen die Folge gewesen wären. Nun, nicht unbedingt: Als Unternehmen in finanzielle Schwierigkeiten gerieten, kauften Anleger mit sehr tiefen Taschen – gegen Bares und zu einem hohen Abschlag – ihre Anleihen und Bankkredite auf. In der Insolvenz tauschten diese Anleger dann Anleihen und Kredite gegen Eigenkapital der Unternehmen. Und wenn ein Unternehmen an sich gesund, aber übermäßig verschuldet war, sind nach dem Tausch von Schulden gegen Eigenkapital vielleicht doch keine Entlassungen nötig – es ist nichts weiter passiert, als dass das Eigenkapital den Besitzer gewechselt hat. Stattdessen aber senkte die Federal Reserve ihre kurzfristigen Zinsen auf null und ließ sie dort bislang sieben Jahre lang. Damit gibt es jetzt auch in den USA, so wie in Japan nach dem

Platzen der dortigen Blase im Jahr 1990, eine Reihe von »Zombie«-Unternehmen, die nur überleben, weil die Zinsen bei null liegen.

MUSS MAN ALLES WISSEN?

Noch einmal zum »Qualitativen«: Anleger scheinen oft zu glauben, dass sie alles über ein Unternehmen wissen müssen. Dabei ist genau das Gegenteil richtig: Sie sollten lediglich versuchen, die wichtigsten Stärken und Schwächen zu identifizieren, und davon gibt es selten mehr als vier oder fünf. Der Rest ist trivial und kann getrost ignoriert werden. Die Voraussetzung dafür ist natürlich, nicht eines der wesentlichen Merkmale eines Unternehmens zu übersehen, egal ob es sich um eine Stärke oder eine Schwäche handelt.

DIE HOLZINDUSTRIE UND IMMOBILIEN

In einem speziellen Fall war vor ein paar Jahrzehnten tatsächlich nur eines entscheidend: Die Holzindustrie war in Wirklichkeit in zwei ganz unterschiedlichen Geschäften tätig.

Eines davon war hervorragend, nämlich der Besitz von Waldland. Dabei handelt es sich um eine erneuerbare Ressource (Mutter Natur erledigt die Arbeit für uns), anders als bei Kupfer- oder Goldminen, die mit der Zeit erschöpft werden. Heutzutage ernten Unternehmen Holz auf der Basis nachhaltiger Erträge, sie ernten also nicht mehr, als das natürliche Wachstum des Waldes hergibt, sodass sich am Ende des Jahres nicht weniger Holz auf dem Land befindet als am Anfang. Wenn man finanziell stark genug ist, kann man in Zeiten niedriger Holzpreise sogar weniger ernten und mehr, wenn die Preise hoch sind. Zudem ist das Geschäft nicht kapitalintensiv und liefert einen ansehnlichen Cashflow. Und seit ungefähr einem Jahrhundert hat der Wert von Waldland mit der allgemeinen Inflation mehr als mitgehalten.

Das zweite Geschäft der Branche ist die Verarbeitung zu Bauholz, Platten, Zellstoff und Papier, und dieser Teil ist fürchterlich: Die nötigen Maschinen kosten viel Geld, und weil es ein Massengeschäft ist, herrscht extremer Preiswettbewerb. Apropos Massengeschäft: Ein Logistik-Manager sagte einmal zu mir, auf dem zyklischen Tiefpunkt seines Geschäfts werde so viel Geld verloren, dass man über einen vollständigen Zyklus hinweg nur dadurch profitabel sein kann, dass man auf dem oder nahe am zyklischen Höhepunkt ein paar Schiffe verkauft und nahe am oder auf dem Tiefpunkt einige kauft.

Aber zurück zu den Holzunternehmen vor 30 Jahren. Damals wurden sie von Ingenieuren geleitet, die nichts lieber mochten als glänzende neue Papiermaschinen und deshalb dazu neigten, die Kapazität zu erhöhen, meist auf dem Höhepunkt des Zyklus. Als Folge davon waren die Gewinne über einen vollständigen Zyklus hinweg bestenfalls mittelmäßig – tatsächlich wurde die Verarbeitung von Holz mit dem Besitz von Waldland subventioniert. Manche Analysten an der Wall Street erkannten das sogar, scheuten sich aber, den Ingenieuren die Schuld dafür zu geben, weil sie fürchteten, diese nachhaltig zu verärgern und deshalb keinen Zugang mehr zu ihnen zu bekommen. Irgendwann aber fiel manchen Anlegern – darunter David Swensen von der Yale University – auf, dass Waldland ein attraktiver »alternativer« Vermögenswert ist, und sie begannen, Wälder zu kaufen. Manche Unternehmen wiederum – zum Beispiel Plum Creek und Rayonier – trennten sich vom Großteil ihrer Holzverarbeitung, und bei Pope and Talbot wurde das Waldland als eigenes Unternehmen abgespalten (tatsächlich ging Pope and Talbot aufgrund der durch das Spin-off wegfallenden Subventionierung weniger Jahre später pleite). Wir und ein paar andere kauften diese Aktien also zu Preisen, die den Wert des Waldlandes nicht ausreichend widerspiegelten. Auf gewisse Weise war das sogar besser als der Kauf des physischen Vermögenswertes, denn wir bekamen die Aktien zu einem Abschlag zum damals aktuellen Wert des Waldlandes.

Eine ähnliche Gelegenheit ergab sich auch bei Immobilien-Betriebsgesellschaften. Martin Whitman vom Third Avenue Fund, wir und einige andere kauften ihre Aktien zu einem teils hohen Abschlag zum Wert ihrer Immobilien. Wir ignorierten die Real Estate Investment Trusts (REITs), die für Anleger wegen ihrer laufenden Rendite interessant sind – und zwar manchmal so sehr, dass sie dafür sogar einen Aufschlag gegenüber dem aktuellen Wert der Immobilien bezahlen. Natürlich ist es am besten, die Aktien der Betriebsgesellschaften zu einem hohen Abschlag dann zu kaufen, wenn die physischen Immobilien-Bewertungen ohnehin niedrig sind. Dann bekommt man den doppelten Rabatt, wie es Value-Anleger so gern mögen. Wir hatten das Glück, vor vielen Jahren bei Catellus Development in Kalifornien erheblich davon zu profitieren.

Waldland und Immobilien bieten Schutz durch Vermögenswerte, und das kann nützlich sein: Wie mir Omar Musa in seiner gründlichen Besprechung eines späten Entwurfs für dieses Buch erklärte, verändern sich Werte in der Bilanz meist langsamer als die Gewinnkraft (also die Gewinn- und Verlustrechnung) eines Unternehmens. Omar war mehrere Jahre lang Analyst bei First Eagle, eingestellt von Bruce Greenwald, unserem Research-Direktor. Später machte er sich selbstständig. Um der vollständigen Offenlegung willen: Ich habe in seinen Fonds investiert.

DAS ANLAGEMANAGEMENT-GESCHÄFT

Manche Unternehmen sind »asset-light«, kommen also mit wenigen Vermögenswerten aus, insbesondere im Dienstleistungsbereich. Bei solchen nicht kapitalintensiven Unternehmen sind die Gewinnmargen meist niedrig, bei kapitalintensiven tendenziell hoch. Die Kapitalrenditen sind damit in beiden Fällen relativ ähnlich. Man könnte es auch so sagen: In einem hinreichend anpassungsfähigen System wie den USA fließt Kapital in die hochgradig profitablen Bereiche, sodass als Folge davon die Renditen dort mit der Zeit abnehmen. Andersherum verlässt Kapital Bereiche, die nicht mehr profitabel sind, sodass die Renditen hier mit der Zeit wieder steigen. Eine Ausnahme von dieser Regel könnte das Anlagemanagement-Geschäft sein. Es ist wenig kapitalintensiv und hat trotzdem oft sehr hohe Margen, wie man den Jahresberichten von börsennotierten Vermögensverwaltungsfirmen entnehmen kann. Vor vielen Jahren fiel mir auf, dass Pensionsfonds von Unternehmen etwas Druck auf die Gebühren für Anlagemanagement ausübten. Also nahm ich an, dass dieser Druck auf die Gebühren auch Publikumsfonds erreichen würde. Dann aber setzte ein Wachstum bei Hedgefonds ein, und deren Verwaltungsgebühren von 2 % (zuzüglich 20 % Performance-Gebühr) ließen einen Preisschirm für die Publikumsfonds entstehen. Derzeit aber müssen sich Hedgefonds mit neuen Vorschriften in Zusammenhang mit dem Dodd-Frank-Gesetz in den USA auseinandersetzen, und insgesamt gesehen war die Performance dieser Branche in den vergangenen Jahren mittelmäßig. Als Folge davon könnte der erwähnte Preisschirm an Wirkung verlieren.

MCDONALD'S

Jedenfalls bieten Unternehmen mit vielen Vermögenswerten Anlegern einen gewissen Schutz, vor allem wenn viele dieser Vermögenswerte schon vor langer Zeit erworben wurden, sodass ihr Wert in der Bilanz möglicherweise zu niedrig angegeben ist. Und bedenken Sie auch, dass Regierungen Währungen mit der Zeit über sinkende Kaufkraft entwerten, sodass Schulden weniger belastend werden. Vor ungefähr 15 Jahren haben wir die Aktie von McDonald's gekauft. Der CEO des Unternehmens war vorher sein Finanzvorstand gewesen, was selten eine gute Sache ist (für beide Aufgaben werden unterschiedliche Qualitäten benötigt). Also hörte er auf die Wall Street, die ihm die ganze Zeit erzählte, dass er viele neue Filialen eröffnen müsse, weil McDonald's ansonsten kein Wachstumsunternehmen mehr sei. Doch das Problem lag woanders: in der Speisen-Auswahl und im Service. Endlich wurde das dem Board klar. Es drängte den alten CEO aus dem Amt und machte eine frühere Führungskraft, einen exzellenten operativen Manager, zu seinem Nachfolger. Der beendete die Eröffnung von neuen Filialen auf dem relativ gesättigten US-Markt, sorgte innerhalb von ein oder zwei Jahren für Verbesserungen bei Angebot und Service, dem Unternehmen ging es wieder gut, und die Aktie stieg. Wir waren aus zwei Gründen bereit gewesen, hier eine Contrarian-Position einzunehmen: Erstens interessierten wir uns zwar allgemein nicht besonders für Turnaround-Situationen (weil derartige Wenden zu selten gelingen), doch Menü und Service zu verbessern, war für einen guten operativen Manager keine Geheimwissenschaft; und zweitens gab es einen gewissen Schutz durch Vermögenswerte, weil dem Unternehmen die meisten der für sein Geschäft benötigten Immobilien selbst gehörten. In den letzten Jahren ist es ihm vor allem in den USA zwischendurch wieder nicht sehr gut ergangen. Viele junge Verbraucher stellen Fragen nach der Qualität zum Beispiel des verwendeten Rinder- oder Hühnerfleisches. Die Fast-Food-Branche ist erneut in gewisse Turbulenzen geraten, aber McDonald's reagierte unter einem neuem Management darauf und hat bislang Erfolg damit.

DIE EISENBAHNINDUSTRIE

Mit den besten Schutz durch Vermögenswerte boten außerdem Eisenbahnen. Anfang der 1980er-Jahre investierten wir aus drei Gründen in Burlington Northern. Erstens hatte US-Präsident Carter – obwohl er nicht unbedingt für seine Liebe zu freien Märkten bekannt ist – die

Branche Ende der 1970er-Jahre dereguliert. Eisenbahnen sind ein kapitalintensives Geschäft. Die Unternehmen dahinter waren damals in einer finanziell schlechten Verfassung, und es war nicht sicher, ob sie dauerhaft die Investitionen für Wartungsarbeiten hätten aufbringen können. Einer meiner Großväter arbeitete für die französische Eisenbahn, und er hat oft gesagt, dass die Kosten am Ende gigantisch werden, wenn man die Gleise nicht richtig wartet. Zudem spielen Eisenbahnen eine bedeutende Rolle bei der Warenlogistik, also tat Präsident Carter das Richtige. Er hoffte darauf, dass die Gewinne der Bahngesellschaften mit der Zeit steigen würden, was sie auch taten, auch wenn das eine Weile dauerte. Zweitens bestand aufgrund der Landzuweisungen im 19. Jahrhundert erheblicher Schutz durch Vermögenswerte. Den Eisenbahnen gehörten Land, Öl- und Gasfelder und Wälder. Die beiden Letzten wurden von Burlington als die inzwischen aufgekaufte Burlington Resources und als Plum Creek Timber an die Aktionäre abgegeben. Drittens war die Aktie außerordentlich billig. Die meisten Anleger waren schon damals so kurzfristig orientiert, dass die Aussicht auf langfristig steigende Gewinne bei den Eisenbahnen nicht ausreichte, um ihr Interesse zu wecken. Sie fürchteten »steriles« Geld. Ich nicht: Wenn ich eine Aktie für 50 Dollar kaufe und sie nach vier Jahren immer noch bei 50 Dollar steht, aber im fünften Jahr auf 100 Dollar steigt, beschwere ich mich nicht über vier Jahre lang »steriles« Geld, sondern stelle fest, dass ich meinen Einsatz in fünf Jahren verdoppelt habe, und das ist mir gut genug. Bei Burlington Northern kamen wir und ein paar andere also zu dem Schluss, dass unsere Geduld wahrscheinlich belohnt werden würde. Wir hielten mehrere Jahrzehnte lang an den Aktien fest. Leider verkaufte ich sie dann, bevor Berkshire Hathaway das Unternehmen übernahm. Ein Fehler ...

SOLLTE MAN »GRÄBEN« VERKAUFEN – UND WENN JA, WANN?

Apropos der Ansatz von Buffett: Eine entscheidende Frage lautet hier meiner Meinung nach, ob eine Aktie automatisch verkauft werden sollte, wenn ihr Kurs den aktuellen inneren Wert erreicht hat. Ich würde dazu sagen, es kommt darauf an – was nicht sehr hilfreich ist. Es gibt so wenige Unternehmen mit einem nachhaltigen Wettbewerbsvorteil, dass man solche Aktien nicht verkaufen sollte, wenn sie leicht oder moderat überbewertet sind – sofern man fest daran glaubt (ob zu Recht oder zu Unrecht), ein solches Unternehmen mit Zinseszins-Effekt gefunden zu haben. Wenn es jedoch drastisch überbewertet ist, sollte man zumindest einen Teil seiner Position verkaufen. Buffett selbst hat vor einigen Jahren zugegeben, dass er Ende der 1990er-Jahre einen Teil seiner Coca-Cola-Aktien hätte verkaufen sollen, als sie sehr hoch bewertet waren. Offenbar glaubten jedoch einige im Buffett-Lager, die Menschen in aller Welt würden so viel Wasser trinken, dass noch reichlich Potenzial für Coke vorhanden war ... Auf gewisse Weise ist es beim Buffett-Ansatz folgendermaßen: Die Sicherheitsmarge liegt wahrscheinlich ebenso sehr in der – wahrgenommenen – Qualität eines Unternehmens wie im Abschlag zum inneren Wert.

Nahe am Tiefpunkt des Marktes kaufte ich im Jahr 1982 eine Aktie von Berkshire Hathaway für unseren damals sehr kleinen Fonds, in einer Zeit, als sie zu einem Abschlag zum Buchwert zu haben war, trotz der schon damals hervorragenden langfristigen Performance von Buffett. Ein paar Jahre später stieg die Aktie auf einen Aufschlag zum Buchwert, und ich habe sie verkauft. Was für ein Fehler ... Ich hätte es besser wissen müssen, denn ich kannte die Holdinggesellschaften in Kontinentaleuropa, die Berkshire etwas ähnlich, wenn auch längst nicht so gut waren. Der Punkt hier ist: Wenn eine Holdinggesellschaft über einen hinreichend langen und somit relevanten Zeitraum erfolgreich ist, dann sollte man die Aktie behalten, auch wenn sie zu einem leichten oder moderaten Aufschlag zu ihrem inneren Wert gehandelt wird. Im Jahr 2002 habe ich erneut in Berkshire Hathaway investiert. Allerdings bezahlte ich dafür einen deutlich höheren Preis als den, zu dem ich die Aktie 15 Jahre zuvor verkauft hatte.

BUFFETT: »GELDANLAGE IST EINFACH, ABER NICHT LEICHT«

Tatsächlich haben Graham und Buffett Geldanlage relativ einfach gemacht, jedenfalls im Vergleich zu den Beratern (dem Fluch des Anlagegeschäfts) und zur Wall Street. Apropos Wall Street: Wenn ich gute Laune habe, sage ich: »Die Wall Street ist nichts als eine riesige Promotion-Maschine.« Wenn ich schlechter gelaunt bin, sage ich: »Die Wall Street ist eine Räuberhöhle.« Aber Geldanlage ist nicht leicht. Insbesondere nicht der Ansatz von Buffett, denn er erfordert Urteilsvermögen. Allerdings gibt es heute nicht mehr viele Aktien im Stil von Benjamin Graham, außer in Japan und unter den Small und Micro Caps in anderen Ländern.

VALUE-INVESTING FUNKTIONIERT WELTWEIT

In den 1980er-Jahren gab es nur wenige amerikanische Value-Anleger, die Interesse an ausländischen Wertpapieren zeigten. Bei mir war es wegen meiner europäischen Herkunft anders. Tatsächlich gab es in den 1980er- und 1990er-Jahren in Kontinentaleuropa reichlich zumeist kleinere Aktien, die spottbillig zu haben waren. Die lokalen Finanzinstitute waren damit beschäftigt, mit den großen Aktien im Index hin- und herzuhandeln. Und Ausländer waren noch nicht da, jedenfalls nicht in den 1980ern. Zudem gingen viele Unternehmen in Deutschland (aber auch in Frankreich, in der Schweiz, den Niederlanden ...)

bei der Bilanzierung sehr konservativ vor. Ein Freund von mir sagte damals, die Bilanzierungspraktiken würden die Mentalität eines Landes erkennen lassen. Man sollte nicht verallgemeinern, aber die Deutschen machen sich gern Sorgen um die Zukunft – die »German Angst«. Also zeichneten sich auch deutsche Bilanzen durch extrem hypothetische Risiken aus. Zu Hongkong wiederum wurde mir Anfang der 80er-Jahre gesagt, dieser Markt sei nichts für mich, weil die Chinesen Zocker seien. Trotzdem ist es uns als langfristigen Value-Anlegern an der Hong Kong Stock Exchange gut ergangen (zum Beispiel mit Shaw Brothers). Auf ausländischen Märkten, vor allem wenn es Schwellenmärkte sind, präsentieren sich die besten Gelegenheiten oft dann, wenn die Börse und die lokale Währung stark verloren haben. Wenn sich der Markt dann erholt, schließt sich die Währung häufig an, und diese Kombination kann so erfreulich sein, wie der vorherige doppelte Niedergang erschreckend war.

Da ich die erste Hälfte der 1980er-Jahre über allein arbeitete, machte ich nur ein paar Ausflüge zu ausländischen Wertpapieren, hauptsächlich in Kontinentaleuropa – ich kam ja von dort, ebenso wie Elizabeth und Charles, die ich 1986 und 1987 einstellte. Hatten wir bessere Informationen als die lokalen Anleger? Natürlich nicht, aber es gab unter ihnen, wenn überhaupt, nur wenige Value-Anleger. Fast jeder hatte einen Zeithorizont von höchstens einigen Monaten, wir hingegen von mindestens fünf Jahren; also hatten wir einen anderen Blick auf die Unternehmen. Außerdem geht es nicht einfach nur um Informationen, sondern um deren Interpretation. Zum Beispiel investierten wir in Kühne & Nagel, ein Schweizer Speditionsunternehmen. Sein Börsengang war nicht erfolgreich gewesen, weil die kleine Branche nicht gut verstanden wurde. Es wurden geschäftliche Vergleiche mit Lastwagen-Logistikern gezogen, obwohl Kühne keinerlei eigene Lastwagen, Flugzeuge oder Schiffe besaß. Es war ein sehr erfolgreiches Dienstleistungsunternehmen, das vom Wachstum des weltweiten Handels profitierte.

Geldanlagen außerhalb der USA werfen für Amerikaner die Frage der Devisenabsicherung auf. Manche Anleger beschließen, ihre ausländischen Engagements vollständig abzusichern, andere verzichten gänzlich darauf. Beide Ansätze sind sinnvoll, nur dass sie unter extremen Umständen kostspielig sein können. Im ersten Fall kann der Anleger die Vorteile in Zeiten starker Auslandswährungen verlieren, im zweiten Fall leidet er in Zeiten fallender Auslandswährungen – möglicherweise so sehr, dass der Wert seiner Auslandsinvestitionen in US-Dollar sinkt.

Wir wollten nicht mit Devisen spekulieren, also sicherten wir uns nur ab (und auch dann nur teilweise), wenn wir eine Währung gemessen an der Kaufkraft für massiv überbewertet hielten. Aus meiner Zeit in Paris erinnere ich mich noch daran, dass manche Franzosen am Wochenende zum Shopping nach London fuhren, wenn das Pfund stark unterbewertet war; wenn es überbewertet war, kamen stattdessen Briten nach Paris. Dasselbe Phänomen ist noch heute an der Grenze zwischen den USA und Kanada zu beobachten.

Das Vorgehen, das ich zuletzt beschrieben habe, kann über längere Zeit funktionieren oder auch nicht, denn meist dauert es lange, bis zwei Währungen hinsichtlich der Kaufkraft das richtige Verhältnis zueinander finden. Taktische Händler können am Markt die Oberhand gewinnen, aber nicht für immer. Dergenannte »technische« Handel auf der Grundlage von Charts ergibt für mich absolut keinen Sinn. Außer natürlich, dass er eine Weile funktionieren kann, wenn genügend Leute daran glauben ...

BEWERTUNGEN

Die meisten Anleger bewerten Aktien auf der Grundlage ihres Kurs-Gewinn-Verhältnisses. Ich bevorzuge das Verhältnis von Unternehmenswert (Enterprise Value – EV) zum Gewinn vor Zinsen und Steuern

(Earnings before Interest and Taxt – EBIT), weil dann auch die Bilanz mit ins Spiel kommt (und Value-Anleger achten sehr auf Bilanzen). Übertriebene Verschuldung kann nicht nur deshalb ein Problem sein, weil sie in beide Richtungen wirkt (sie hilft in guten Zeiten und tut in schlechten Zeiten weh), sondern auch deshalb, weil sie das Durchhaltevermögen von Unternehmen oder Anlegern verringert (oder ganz verschwinden lässt): Eine geschäftliche Investition, die auf dem Tiefpunkt des Konjunkturzyklus nicht vorgenommen werden kann, kann ein Unternehmen die Wettbewerbsfähigkeit kosten. Für Anleger wiederum ist Durchhaltevermögen von entscheidender Bedeutung, denn zumindest Value-Anleger sind definitionsgemäß langfristig orientiert.

Der Unternehmenswert ist schlicht die Börsenkapitalisierung der Aktien zuzüglich der Nettofinanzschulden oder abzüglich der Nettoliquidität eines Unternehmens. Und das EBIT sind eben die Gewinne vor Zinsen und Steuern. Beides muss zugegebenermaßen auch bezahlt werden. Aber Value-Anleger bestehen auf Sicherheit, also auf eine solide Bilanz, sodass Zinsausgaben gering oder nicht vorhanden sind. Und gegenüber Unternehmen mit besonders niedrigen Steuersätzen war ich schon immer etwas misstrauisch. Entweder betrügen sie die Steuerbehörden oder sie nutzen Schlupflöcher, und dann werden die Behörden ihnen entweder auf die Schliche kommen oder die Schlupflöcher schließen (natürlich nicht allzu bald – das Steuerrecht ist eine Monstrosität, weil Politiker damit ihre Freunde belohnen und ihre Feinde bestrafen können). Oder ein Unternehmen verdient gar nicht so viel Geld, wie es in seinen Gewinnmeldungen behauptet. In Ländern wie Hongkong sieht es anders aus, weil die Steuern dort für alle Unternehmen niedrig sind.

Ich war in der Vergangenheit bereit, für moderat gute Unternehmen ein EV/EBIT-Vielfaches von 6 bis 8 zu bezahlen, für wirklich attraktive Unternehmen ein Vielfaches von 8 bis 10 und für außergewöhnlich gute eines von 10 bis 12. Übrigens ist es so, dass das EV/EBIT drastisch ansteigt, wenn es vorher niedrig war und die Nettoliquidität sehr hoch und die Aktie dann leicht zulegt. So funktioniert eben die Mathematik dahinter.

Heute müsste man angesichts der niedrigen Zinsen theoretisch bereit sein, relativ hohe Vielfache zu bezahlen. Jedoch sind die Zinsen (der wichtigste Preis überhaupt) so niedrig, weil sie von den Regierungen künstlich gedrückt werden. Quantitative Lockerung, wie man sie nennt, ist in meinen Augen eine Scheußlichkeit. Sie hat einen mittelmäßigen Wirtschaftsaufschwung herbeigeführt, den Aktienmarkt künstlich aufgeblasen, ebenso wie den Anleihenmarkt, den Markt für Luxusimmobilien und den Markt für zeitgenössische Kunst, und aller Wahrscheinlichkeit nach wird sie unerwünschte Folgen haben. Zunächst einmal sollte Geld nicht kostenlos sein. Tatsächlich könnte die einzige Hoffnung darin liegen, dass die Regierungen es schaffen, das System mit mehr Verschuldung ein weiteres Mal zu hebeln. In diesem Fall würde in einigen Jahren die nächste Finanzkrise ausbrechen, und dann hieße es, wie bei der Arche Noah, »nächstes Mal kommt das Feuer«. Künstliche Blasen auf verschiedenen Märkten zu erzeugen, ist nur eine andere Art, »die Dose weiter die Straße herunter zu treten«. Gerry Manolovici hat es so formuliert: »Vermögenswerte sind bedingt, aber Schulden sind für die Ewigkeit«.

Nebenbei: Vor ein paar Monaten wurde ich von einem Kunstkritiker gefragt, ob zeitgenössische Kunst radikal und schwierig oder leer und zynisch sei? ...

ABGEZINSTER CASHFLOW UND DER CHARAKTER VON RISIKO, TROTZ DES RISIKOS (JAWOHL ...), DIE AKADEMISCHE WELT ZU VERÄRGERN

Zugegeben: Der abgezinste Cashflow ist in der Theorie enorm sinnvoll. In der Praxis aber halte ich ihn für nicht verwendbar. Erstens macht der

Restwert in diesen Berechnungen oft die Hälfte oder mehr des Nettogegenwartswertes aus, also tun wir so, als wüssten wir (in genauen Zahlen) nicht nur, was mit dem Unternehmen in den nächsten fünf, sechs oder sieben Jahren passieren wird, sondern auch noch darüber hinaus. Zweitens haben kleine Veränderungen bei den Variablen große Auswirkungen auf die Ergebnisse. Aus diesem Grund bekommt man damit leicht die Zahlen, die man haben will. Investmentbanker lieben Bewertungen auf der Grundlage des abgezinsten Cashflows.

Dem Thema Risiko hat Howard Marks, einer der Gründer der sehr erfolgreichen Gesellschaft Oaktree Capital, drei Kapitel in seinem exzellenten Buch *The Most Important Thing* gewidmet. Martin Whitman wiederum, der wie Howard Marks nicht nur ein erfolgreicher Anleger ist, sondern auch ein hervorragender Theoretiker, verweist auf den entscheidenden Unterschied zwischen einem vorübergehenden nicht realisierten Kapitalverlust und dauerhafter Kapitalminderung. Ersteres ist nichts, worüber man sich Sorgen machen müsste. Also gilt, entgegen dem, was Akademiker sagen: Volatilität ist nicht Risiko. Warren Buffett hat dazu die Frage gestellt, ob man lieber in einer gezackten Linie 15 % pro Jahr oder 10 % in einer geraden Linie verdienen möchte. Die Antwort ist natürlich vollkommen offensichtlich. Und wenn Sie die zweite Variante schaffen, dann sind Sie wahrscheinlich ohnehin Bernie Madoff.

WARUM KEINE AUSSENSTELLEN AUSSERHALB DER USA?

Ich habe also nicht den geringsten Zweifel daran, dass Value-Investing sinnvoll ist, nach dem Ansatz von Graham wie dem von Buffett, und zwar sowohl in den USA als auch außerhalb. Als unser verwaltetes Vermögen zunahm, wurde ich gefragt, warum wir keine Außenstellen in Asien oder Europa eröffnen. Ich sagte, ich hätte Angst, dass unsere Leute dort unter den Einfluss der lokalen Anleger (unter denen es sehr wenige, wenn überhaupt, Value-Anleger gab) geraten und deren Eigenheiten übernehmen könnten, statt sie sich zunutze zu machen. Denn mit der Zeit, so formulierte es Benjamin Graham, wird der Markt zu einer »Gewichtungsmaschine«, in der die Realitäten von Unternehmen abgewogen werden.

DIE TÜCKEN INTERNATIONALER GELDANLAGE

Zu den Tücken internationaler Geldanlage möchte ich drei Beispiele aus Kontinentaleuropa nennen. Bei einem wurden wir Opfer des deutschen Establishments. Beim zweiten hatte der CEO, anders als viele seiner Kollegen in den USA, wirklich die langfristigen Interessen des Unternehmens im Blick. Und beim dritten mussten wir Platz in einer Zeitung kaufen, um unserem Anliegen Gehör zu verschaffen.

WIR ALS OPFER DES DEUTSCHEN ESTABLISHMENTS

Buderus ist ein bedeutender Hersteller von Heizkesseln für Wohngebäude. Tatsächlich hatten unsere Recherchen uns davon überzeugt, dass die besten Boiler von zwei deutschen Anbietern hergestellt wurden: von Buderus und Vaillant, einem nicht börsennotierten Unternehmen. Die Preise für ihre Produkte liegen etwas über dem Durchschnitt, was eine Frage aufwirft: Was ist wichtiger, der Preis oder die Tatsache, dass der Boiler (oder was auch immer ...) gut funktioniert und lange halten wird? Oft genug ist der zweite Punkt entscheidend, und der deutsche Verbraucher weiß das. Das Geschäft von Buderus ist nicht sehr kapitalintensiv: Das Unternehmen baut Teile zusammen, die von Auftragsfertigern geliefert werden, zum Teil aus Mitteleuropa. Wir begannen in den 1990er-Jahren, die Aktie zu kaufen. Sie war billig (immerhin war die Herstellung von Heizkesseln ein Geschäft der »old economy«), selbst wenn man einen bedeutenden peripheren Vermögenswert nicht berücksichtigte: die vielen Wohnhäuser, in denen das im späten 19. Jahrhundert gegründete Unternehmen früher seine Beschäftigten unterbrachte. Mit seinem moderaten Wachstumspotenzial und dem erheblichen freien Cashflow hielt Buderus an den Immobilien fest. Bis Ende der 1990er-Jahre besaßen unsere Fonds ungefähr 10 % des Unternehmens, ein weiteres deutsches Unternehmen hatte ebenfalls eine hohe Beteiligung. Und dann machte der deutsche Riese Bosch, der selbst nicht börsennotiert war, ein Kaufangebot für Buderus – aber zu einem Preis, den wir für 30 % zu niedrig hielten. Der andere große Aktionär schien uns zuzustimmen. Also warteten wir auf einen besseren Preis. Vergeblich, denn zu unserer Enttäuschung erklärte der andere Großaktionär sich letztlich doch bereit, zum ursprünglichen Preis zu verkaufen. Wir hätten die Aktien behalten können, in der Hoffnung, dass Bosch ein paar Jahre später einen besseren Preis bietet, um Buderus vollständig übernehmen zu können. Aber die Kurse von Publikumsfonds werden jeden Tag berechnet, und wie zuverlässig wäre der Kurs der Buderus-Aktie gewesen, wenn fast jeder Aktionär – mit Ausnahme von uns – seine Anteile an Bosch abgegeben hätte? Also verkauften auch wir, schweren Herzens. Die Moral von der Geschichte: Die Wirtschaft in Kontinentaleuropa hat einen gewissen Club-Charakter ...

WENN LANGFRISTIGE INTERESSEN ZUSAMMENFALLEN

Die französische Sodexo Group ist eine erfreulichere Geschichte. Das Unternehmen ist im Catering-Geschäft tätig. Es liefert Essen an Schulen, Krankenhäuser, Unternehmenskantinen, die Marines in den USA und so weiter. Tatsächlich zählt Sodexo zu den Top Drei der Welt, neben Compass in Großbritannien und Aramark in den USA. Aramark wurde vor einigen Jahren in einem gehebelten Buy-out übernommen und ist vor Kurzem an die Börse gegangen. Das Geschäft ist arbeitsintensiv (Sodexo hat mehr als 400.000 Mitarbeiter in 80 Ländern), also ist der Umgang mit den Beschäftigten von großer Bedeutung (der Sodexo-CEO Michel Landel sagte vor Kurzem der *Financial Times*, Kultur und Werte seien der Klebstoff, der solche großen Organisationen zusammenhält). Das Unternehmen war überaus erfolgreich, also wurde die Aktie zum Liebling von Anlegern. Dann aber gab es einige – vorübergehende – Probleme bei der britischen Tochter. Anleger begannen sich zu fragen, warum Sodexo weniger profitabel zu sein schien als Compass. Wie sich ein paar Jahre später herausstellte, war die Rechnungslegung von Compass, auf typisch britische Weise, nicht besonders konservativ, um es vorsichtig auszudrücken. Jedenfalls hatte der Gründer von Sodexo – der noch immer viele Anteile hielt – eine schwierige Beziehung zu den Portfoliomanagern und Analysten in Paris, die seinem Eindruck nach eine zu kurzfristige Sichtweise hatten. Wir kauften die Aktie, als sie auf ein vertretbareres Niveau gefallen war, und sie wurde zu einer großen Position in unserem Fonds. Besonders mochten wir das Gutschein-Geschäft, das extrem profitabel war. Nach einigen Jahren war dem Gründer Pierre Bellon klar, dass wir langfristige Anleger waren, und unser Analyst Chuck de Lardemelle entwickelte eine gute Beziehung zu ihm. Einmal sollte Chuck sogar vor US-Führungskräften von Sodexo, die in New Jersey zusammenkamen, über unseren langfristigen Anlageansatz sprechen – immerhin passt er sehr gut zum geschäftlichen Ansatz von Bellon, der sich auf die langfristigen Interessen des Unternehmens konzentriert. Die Moral davon ist, dass wir im jeweils anderen eine verwandte Seele gefunden hatten. Wir haben im Büro Champagner getrunken ...

UNFREIWILLIGE, ABER ENTSCHLOSSENE »AKTIVISTEN«

Legrand ist ein Hersteller von elektrischen Niederspannungsprodukten wie zum Beispiel Schaltern. Ein positiver Aspekt dieses Geschäfts liegt darin, dass die Produkte am Ende vom Verbraucher bezahlt werden, sodass Elektriker stärker auf ihre Qualität und den Service des Herstellers achten als auf den Preis. Weil wir »geizig« sind (wie Martin Whitman sagte, wollen wir Aktien, die »sicher und billig« sind), kauften wir die Aktie ohne Stimmrecht, die es zu einem Abschlag von ungefähr 40 % zur stimmberechtigten gab. Institutionelle Anleger bevorzugten zumeist die stimmberechtigten Aktien, weil sie im Index enthalten waren (ein dummer Grund). Außerdem wurde das Unternehmen von einer Familie kontrolliert, sodass die Stimmrechte der Minderheitsaktionäre ohnehin nicht viel wert waren. Und zuletzt schüttete die Aktie ohne Stimmrecht eine viel höhere Dividende aus als die stimmberechtigte. Also bauten wir eine große Position in der nicht stimmberechtigten Aktie auf, die nicht ganz so liquide war, für unsere Zwecke als langfristige Anleger aber ausreichend gehandelt wurde. Dann beschloss Schneider, ein großes französisches Unternehmen, Legrand zu übernehmen. Sie boten einen fairen Preis für die stimmberechtigte Aktie, aber einen lausigen für die nicht stimmberechtigte. Schneider hatte festgestellt, dass sie historisch zu einem Abschlag von im Durchschnitt 40 % gehandelt worden war, und im Prinzip behauptet, Märkte seien stets effizient, was in unseren Augen Unsinn war. Da wir offenbar Probleme hatten, unserer Geschichte in den französischen Medien Gehör zu verschaffen (die Aufsichtsbehörde hatte das Angebot genehmigt, womit sie zu unserer Enttäuschung eine sehr schwache Logik zeigte), schrieb ich einen Beitrag (siehe Anhang A), und wir riefen bei der wichtigsten Finanzzeitung in Frankreich an. Dort war man zunächst erfreut, ohne eigenes Zutun Anzeigenplatz verkaufen zu können. Doch ein paar Tage später bekamen wir einen Rückruf: Weiter oben, sagte der Mann am Telefon, sei der Ton unseres Beitrags nicht gut angekommen. Mein Ton war tatsächlich ein wenig schroff, das musste ich zugeben.

Also riefen wir die zweitwichtigste Finanzzeitung an und die war bereit, uns Anzeigenplatz zu verkaufen. Unser Artikel löste einige Aufregung in Pariser Finanzkreisen aus. Manche nannten uns »die Preußen«. Das war eine Anspielung auf die Anfänge der Firma Arnhold and S. Bleichroeder und nicht als Kompliment gemeint, denn die preußische Armee hatte die französische im Krieg von 1870/71 besiegt. Außerdem bekamen wir einen Brief von einer bekannten französischen Kanzlei, die damit drohte, uns zu verklagen. Eine leere Drohung. Die Moral von dieser Geschichte ist: Die Effizienzmarkthypothese ist ein Witz, aber trotz der Bemühungen von Warren Buffett und der behavioristischen Schule der Ökonomie starb sie nur langsam. Einige französische Anleger klagten, und das Gericht entschied, dass der Abschlag von 40 % auf 20 % reduziert werden müsse. Das war kein vollständiger Sieg, aber besser als nichts, also sollte es uns reichen. Am Ende untersagte die Europäische Kommission Schneider aus Wettbewerbsgründen die Übernahme von Legrand. Also wurde die Mehrheit stattdessen von einer französischen Holdinggesellschaft (Wendel) und einer Private-Equity-Firma aus den USA (KKR) gekauft.

VALUE-ANLEGER IN KÜRZE

Abschließend: Value-Anleger versuchen unabhängig zu denken, also sind keine zwei Value-Anleger gleich. Sie alle nehmen ihre eigenen – bescheidenen – Anpassungen an den Lehren der beiden Meister vor.

Einige Überzeugungen aber werden von allen echten Value-Anlegern (anders als den nur gelegentlichen) geteilt, egal ob sie Anhänger von Benjamin Graham oder von Warren Buffett sind (oder von beiden, wie wir bei First Eagle). Mit Graham glauben sie daran, dass niemand die Zukunft kennen kann, dass man deshalb eine Sicherheitsmarge braucht, dass sich »Mr. Market« unberechenbar benimmt (also die Effizienzmarkthypothese Unsinn ist) und dass es so etwas wie den inneren Wert eines Unternehmens gibt. Und (oder) mit Buffett glauben sie, dass manche Unternehmen besser sind als andere, weil sie einen nachhaltigen Wettbewerbsvorteil (einen »Schutzgraben«) zu haben scheinen, dass solche »Zinseszins-Maschinen« selten sind, dass man intensiv nach ihnen suchen muss und dass man in sie investieren sollte, wenn sie zu vertretbaren Bewertungen zu haben sind.

Im nächsten Kapitel behandele ich einige Sondersituationen, also alles, was über traditionelle Aktien hinausgeht.

KAPITEL 3
SONDERSITUATIONEN

Mit den First Eagle Fonds investieren wir hauptsächlich in normale Stammaktien, aber wir sind – anders als fast alle anderen Aktien-Publikumsfonds – nicht unbedingt die ganze Zeit über voll investiert. Wir haben kein Problem damit, vorübergehend Liquidität zu halten. Wir legen keine Cash-Quoten von 10, 15 oder 20 % fest, sondern entweder fallen uns genügend Anlagemöglichkeiten ein, sodass es wenig Liquidität gibt, oder wir finden nicht genügend Gelegenheiten (vielleicht weil wir nicht an den richtigen Stellen suchen), sodass die Liquidität zunimmt. Also ist Liquidität bei uns wirklich eine Restgröße. Darüber hinaus haben wir in den vergangenen etwa 20 Jahren ein wenig Platz für Gold als Geld geschaffen (siehe Kapitel 5). Und zuletzt gibt es an den Finanzmärkten die Sache mit den Sondersituationen: Vorzugsaktien, Holdinggesellschaften, Spin-offs, geschlossene Fonds oder High-Yield-Anleihen. Wir hatten schon immer ein Faible für jene Ecken, die nicht zu überfüllt sind. Denn oft genug ist genau dort Value zu finden.

VORZUGSAKTIEN

Amerikanische Vorzugsaktien sind eine Mischung aus Stammaktien und festverzinslichen Papieren. Ihre Dividende ist fest und vorrangig gegenüber der Dividende auf Stammaktien, aber nachrangig gegenüber den Zinszahlungen auf kurz- oder langlaufende Anleihen und natürlich Bankkrediten.

Außerhalb der USA aber können Vorzugsaktien ganz andere Merkmale haben. In Südkorea zum Beispiel haben sie keine Stimmrechte und die Dividende ist höher als bei Stammaktien. In den letzten Jahrzehnten gab es immer wieder Gerüchte, dass ein Gesetz verabschiedet wird, das Unternehmen dort zwingen würde, Vorzugsaktien eins zu eins in Stammaktien umzuwandeln. Doch bislang ist nichts dergleichen geschehen und der Abschlag von Vorzugs- gegenüber Stammaktien ist merklich kleiner geworden. Beim größten Unternehmen Südkoreas (Samsung Electronics) beträgt er jetzt nur noch 20 %. Bei kleineren Unternehmen allerdings ist der Abschlag viel höher. Das Gleiche gilt für Frankreich. Siehe das Beispiel Legrand in Anhang A.

HOLDINGGESELLSCHAFTEN

Von diesen Unternehmen gibt es viele in Kontinentaleuropa und auch anderswo einige, unter anderem in Asien. Holdinggesellschaften werden oft von einer Familie kontrolliert, besitzen große Minderheitsanteile an einer begrenzten Zahl (etwa fünf bis zehn) von – häufig börsennotierten – Unternehmen und entsenden meist eigene Vertreter in die Vorstände dieser Beteiligungen. Die Zentrale hat nur wenig Personal und die Holdinggesellschaft spielt keine Rolle im Tagesgeschäft der einzelnen Unternehmen. Aufgabe ihres Managements ist es, Einfluss auf die Strategie der Beteiligungen zu nehmen und deren Struktur umzustellen, wenn sich die Gelegenheit bietet, einen bestehenden Anteil zu einem hohen Preis zu verkaufen oder neue Anteile zu einem attraktiven Preis zu erwerben.

Wenn die Führung der Holdinggesellschaft lange genug Erfolg damit hat, gibt es keinen Grund dafür, dass ihre Aktie zu einem Abschlag gehandelt werden sollte. Das Paradoxe aber ist: In einem Bärenmarkt wird der Abschlag größer, obwohl bereits die Preise der börsennotierten Beteiligungen gesunken sind, während er in einem Bullenmarkt, in dem die Preise der Beteiligungen steigen, abnimmt. Auf zwei Arten kann man davon profitieren: Erstens kann man im Bärenmarkt kaufen, weil man dann im Prinzip den doppelten Rabatt bekommt – die Beteiligungen sind billig, und auch der Holdingabschlag ist groß. Zweitens kann man (was allerdings schwierig ist) eine Holdinggesellschaft finden, die ihre Beteiligungen im Lauf der Jahre erfolgreich umstrukturiert hat und das auch in Zukunft weiter schaffen dürfte. Berkshire Hathaway in den USA ist ein etwas anderer Fall, denn die Gesellschaft besitzt eine Reihe von Unternehmen komplett und hat zusätzlich ein Portfolio aus börsennotierten Wertpapieren.

SPIN-OFFS

Manchmal spalten Unternehmen um der Vereinfachung willen Geschäftsbereiche ab und überlassen sie ihren Aktionären. Früher – in der guten alten Zeit – gab es wenig Interesse an solchen Spin-offs. Häufig verkauften die Aktionäre ihre neu erhaltenen Aktien sofort wieder, weil sie in ihrem Portfolio nur einen sehr kleinen Anteil ausgemacht hätten. Also gab es für Käufer ein Zeitfenster, in dem Aktien von Spin-offs billig zu haben waren. Heutzutage gehen die Verkäufer überlegter vor, und die Zahl der potenziellen Käufer ist gestiegen. Aber es gibt immer noch Ausnahmen. Sobald das Management des abgespaltenen Unternehmens unabhängig agieren kann, steigen dort oft die Gewinne. Und wenn das nicht der Fall ist, kann es immer noch zu einer Übernahme des Spin-offs kommen.

GESCHLOSSENE FONDS

Eine Regel mit Ausnahmen zumindest für die USA lautet: Niemals direkt bei der Emission Anteile an einem geschlossenen Fonds zeichnen!

Die Verkaufsprovision beträgt hier 7 bis 8 % – wenn man also 100 bezahlt, sind die Anteile am nächsten Morgen nur noch 92–93 wert. Wenn er dann allerdings börsennotiert ist, kann ein geschlossener Fonds zwischendurch zu einem hohen Abschlag gehandelt werden, vor allem wenn sein Schwerpunkt in einem Sektor liegt, der gerade sehr außer Mode ist. Hier bietet sich die Chance auf einen doppelten Abschlag: Die Anteile des Fonds sind billig, und billig sind auch die von ihm gehaltenen Wertpapiere, jedenfalls billiger als früher. Wenn man auf das Management des geschlossenen Fonds vertraut und darauf, dass sein Sektor oder Land auch wieder bessere Zeiten sehen wird, dann ist diese Chance real. Ausländische geschlossene Fonds (und ausländische Holdinggesellschaften) betrachtet die US-Steuerbehörde allerdings als »passive foreign investment companies« (PFICs), bei denen hohe Steuern anfallen.

HIGH-YIELD-ANLEIHEN

Wir halten hauptsächlich Aktien, Liquidität (wenn wir an den Aktienmärkten nicht genügend Gelegenheiten finden) und als Absicherung gegen »extreme Ereignisse« Gold (oder Aktien von Goldminen). Manchmal aber (so war es 1990, 2002 und 2008), wenn die Renditen zweistellig (also aktienähnlich) werden, verlassen wir unser angestammtes Terrain und investieren in High-Yield-Anleihen. Wenn wir den inneren Wert einer Aktie auf 40 Dollar schätzen und sie für 25 Dollar kaufen, wissen wir nicht, ob die Aktie wirklich so weit steigen wird (unser innerer Wert kann falsch sein, denn wie Benjamin Graham trocken sagte: »Die Zukunft ist ungewiss«), und ganz sicher haben wir keine Ahnung, wie lange es bis zu dem Anstieg dauern wird (wenn es denn dazu kommt).

Bei einer Anleihe ist es anders. Vergessen wir für einen Augenblick die Re-Investitionsrendite (bei einer Nullkuponanleihe ist das sogar richtig): Dann kennen wir die Rendite bis zur Fälligkeit (oder bis zur Kündigung), und genau die werden wir bekommen, wenn das Unternehmen nicht pleitegeht. Die erzielbare Anlagerendite hat also etwas Mechanisches an sich, und dafür muss nichts weiter passieren, als dass das Unternehmen überlebt – es muss ihm nicht einmal unbedingt besonders gut gehen. Und es gibt einen großen Unterschied zwischen überleben und florieren ...

Am ehesten ist das Überleben gesichert, wenn der Cashflow ausreicht, um die Schulden zu bedienen. Am zweitbesten ist, wenn es – vorübergehend – am Cashflow mangelt, aber der Wert der Aktiva eines Unternehmens weit über seinen Schulden liegt. Um das Jahr 1990 herum gaben die Kurse der vielen Anleihen von News Corp (in mehreren verschiedenen Währungen) deutlich nach. Der Mehrheitsaktionär Rupert Murdoch hatte schuldenfinanzierte Akquisitionen vorgenommen. Die Gewinne waren unterdessen aufgrund des schwierigen Wirtschaftsumfelds gesunken. Jedoch zeigten unsere Analysen, dass der – konservativ eingeschätzte – Wert der Aktiva die Schulden bei Weitem überstieg. Mit anderen Worten: Das Unternehmen war keineswegs insolvent. Wir kauften viele seiner Anleihen zu sehr hohen Renditen, nach einer Weile ging es News Corp besser, und die Anleihen erholten sich. Wenn ich wirklich klug gewesen wäre, hätte ich nicht nur die Anleihen gekauft, sondern auch die Aktie, die bald darauf ebenfalls stieg ... Am drittbesten und eigentlich am schlechtesten sind Staatsanleihen, bei denen Zahlungsfähigkeit vorhanden ist, nicht aber Zahlungsbereitschaft. Und zuletzt gibt es noch Bankkredite. Früher konnte man sie nicht handeln, Ende 2008 – vorübergehend – aber sehr wohl. Sie sind vorrangig gegenüber Anleihen und weisen kein Zinsrisiko auf, weil der Zinssatz variabel ist. Und wenn das Geschäft des Kreditnehmers eigentlich robust ist (so wie es auch bei Anleihen sein kann) und das Problem nur in zu hoher Verschuldung liegt, bekommt man im Tausch gegen seine Bankkredite (oder eben Anleihen) unter Umständen Aktien. Diese Aktien können attraktiv sein, wenn die Schuldenlast durch den Tausch erst einmal verringert wurde.

Im nächsten Kapitel erkläre ich etwas, das natürlich von überragender Bedeutung ist: Value-Investing funktioniert dauerhaft.

KAPITEL 4
VALUE-INVESTING FUNKTIONIERT DAUERHAFT

DER ARTIKEL IN *HERMES*

Im Jahr 1984 schrieb Warren Buffett für *Hermes*, das Magazin der Columbia Business School, einen Artikel mit dem Titel »Die Super-Anleger von Graham und Doddsville«. Sein eigener Erfolg als Anleger war damals schon offensichtlich. Mit dem Artikel wollte er zeigen, dass dies nicht nur auf sein eigenes Geschick zurückzuführen war, sondern auch darauf, wie robust sein Anlageansatz ist. Also veröffentlichte er seine eigene – langfristige – Anlageperformance zusammen mit der von neun weiteren Value-Anlegern, darunter einige, die wie Walter Schloss eher den Ansatz von Benjamin Graham verfolgten als den von Buffett. Und wie Buffett zeigte, hatte jeder Einzelne dieser zehn Investoren im Lauf der Zeit deutlich besser abgeschnitten als der Marktdurchschnitt.

LOUIS LOWENSTEINS BUCH *THE INVESTOR'S DILEMMA*

Im Jahr 2004 wollte Louis Lowenstein, ein hervorragender Mann in fortgeschrittenem Alter, Buffetts Artikel, den dieser 20 Jahren zuvor verfasst hatte, aktualisieren und bat Bob Goldfarb, den Manager des

Sequoia Fund, ihm dafür zehn Value-Fonds zu nennen. Um keine wichtigen Informationen zu verschweigen: Auf der Liste stand auch unser First Eagle Global Fund (danke, Mr. Goldfarb!). Louis zeigte, dass – erneut – alle zehn dauerhaft deutlich besser gewesen waren als der Durchschnitt. Der Artikel dazu ist in seinem Buch *The Investor's Dilemma: How Mutual Funds Are Betraying Your Trust And What To Do About It* aus dem Jahr 2008 abgedruckt, in dem sich Louis sehr kritisch mit der Fondsbranche allgemein auseinandersetzt. Und er hat recht. Die meisten großen – und auch die nicht so großen – Fondsgesellschaften werden von Marketingmenschen geleitet, die ihre Firmen als »Maschinen zum Vermögen-Einsammeln« betrachten. Wir haben nie Geld für Werbung ausgegeben. Wir sind keine »Marke«, wir verkaufen keine Kosmetik. Wir versuchen, die Ersparnisse der Anteilseigner unserer Fonds sorgsam zu verwalten. Wir wollen uns einen guten Ruf erarbeiten, was ganz und gar nicht das Gleiche ist, wie eine »Marke« zu sein. Noch eine Offenlegung: Louis Lowenstein hat in seinem Buch ein paar freundliche Worte für den First Eagle Global Fund übrig. Kein Wunder also, dass ich ihn gern zitiere ...

WARUM GIBT ES SO WENIGE VALUE-ANLEGER?

Wenn Value-Investing sinnvoll ist und wenn es auch dauerhaft funktioniert, warum gibt es dann so wenige Value-Anleger? Der späte Bill Ruane, der jahrzehntelang mit Erfolg den Sequoia Fund verwaltete (so gut, dass er die meiste Zeit über für neue Anleger geschlossen war), hat vor einigen Jahrzehnten geschätzt, dass nur etwa 5 % aller professionellen Anleger echte Value-Anleger sind, also grob gesagt von Graham bis Buffett und alles dazwischen. Der Anteil von 5 % stimmt noch heute, glaube ich. Außerhalb der USA liegt er sogar noch darunter. Vor mehr als zehn Jahren entdeckten Giuseppe Perrone und Marco Sormani, zwei junge Italiener, die (viel später als ich) an der

HEC studiert hatten, meinen Namen in Lowensteins Buch und verabredeten ein Treffen mit mir in New York. Sie waren auf dem Weg zur Hauptversammlung von Berkshire Hathaway in Omaha und echte Value-Anleger im Stil von Buffett. Die beiden lebten in Frankreich und gründeten nach ein paar Jahren als freie Berater die Anlageberatungsfirma Varenne Capital. In Frankreich gab (und gibt) es nur wenige echte Value-Anleger. Ich mochte die beiden und war bereit, eine Minderheitsbeteiligung an ihrem Unternehmen zu kaufen. Später investierte ich auch in einen ihrer Fonds. Mehr als zehn Jahre lang zeigten Perrone und Sormani sehr gute Leistungen, und trotzdem hat ihr verwaltetes Vermögen erst vor Kurzem 500 Millionen Euro überschritten. Manchmal dauert es ziemlich lange, bis sehr gute Anleger erkannt werden. Selbstdarsteller dagegen sind sehr schnell darin, viel Vermögen einzusammeln, jedenfalls vorübergehend ...

Warum also gibt es so wenige Value-Anleger? Der Hauptgrund dafür ist psychologischer Natur. Als Value-Anleger ist man langfristig orientiert. Benjamin Graham hat es so formuliert: »Kurzfristig ist der Aktienmarkt eine Wahlmaschine« (Anleger, oder sollte man sagen Spekulanten oder Händler, stimmen durch ihre Käufe und Verkäufe von Wertpapieren ab, und der entscheidende Faktor dabei ist Marktpsychologie). Doch »langfristig ist der Aktienmarkt eine Gewichtungsmaschine«, in der die Realitäten von Unternehmen abgewogen werden. Die meisten »Anleger« haben einen Zeithorizont von sechs bis zwölf Monaten, während es bei Value-Anlegern eher fünf Jahre (oder mehr) sind. Und tatsächlich stimmt, was Bruce Greenwald gerne sagt: Manchmal sind Prognosen über zehn Jahre einfacher als solche über ein Jahr. Bei zehn Jahren geht es darum herauszufinden (ohne genaue Zahlen dafür zu liefern), ob ein Unternehmen einen nachhaltigen Wettbewerbsvorteil hat, einen »Schutzgraben«, um es mit Buffett zu sagen. Auf Sicht von einem Jahr dagegen verlangt die Wall Street präzise Zahlen (bei den Gewinnen bis auf den Cent), was unrealistisch oder verdächtig ist (wegen möglicher Manipulationen durch das Management). Also versuchen Value-Anleger nicht, kurzfristig mit der Benchmark oder mit ihren Konkurrenten mitzuhalten. Als Folge davon bekommen sie es mit dem gefürchteten »Tracking Error« zu tun, der allerdings eigentlich nur von den Beratern gefürchtet wird. Also akzeptieren Value-Anleger von vornherein, dass sie von Zeit zu Zeit schlechter dastehen werden als der Durchschnitt.

ENDE DER 1990ER-JAHRE LIEGEN DIE FIRST EAGLE FONDS DREI JAHRE AM STÜCK ZURÜCK

In den 1980er-Jahren und zu Beginn der 90er waren unsere Fonds ein paar Monate lang nur ein wenig schwächer als der Gesamtmarkt. Ende der 1990er-Jahre aber weigerte ich mich, bei dem mitzumachen, was ich für eine Manie bei Technologie, Medien und Telekommunikation (TMT) hielt, und dadurch lag ich drei Jahre am Stück (1997 bis 1999) hinter dem Marktdurchschnitt zurück. Nach einem Jahr waren die Anteilseigner unserer Fonds unzufrieden, nach zwei Jahren erzürnt und nach drei Jahren weg. In weniger als drei Jahren (von Herbst 1997 bis Frühjahr 2000) verlor der First Eagle Global Fund (den ich seit 1979 verwaltete, sodass er eine lange Performance-Erfolgsgeschichte hatte) sieben von zehn Anteilseignern. Sobald unsere Fonds 1997 unter Anteilsrückgaben zu leiden begannen, wurde im Hauptquartier von Société Générale in Paris entschieden, dieses Geschäft zu verkaufen. Der erste Versuch scheiterte, weil die Bank einen zu hohen Preis verlangte. Erst zur Jahrhundertwende fand sich mit Arnhold and S. Bleichroeder ein neuer Besitzer.

ZURÜCKLIEGEN HEISST LEIDEN, ABER WAS SOLL'S?

Aber zurück zu unserer schwachen Zeit Ende der 1990er-Jahre. Liegt man zurück, leidet man psychisch (bin ich ein Idiot?) und finanziell (weniger oder gar kein Bonus). Im Extremfall kann man sogar seinen Job verlieren. Jeremy Grantham hat das als das »Karriererisiko« bezeichnet. Und zugegeben: Angst zu haben, den Job zu verlieren, dafür muss man sich nicht schämen. Schmerzen, ob psychologische oder finanzielle, lassen den Charakter von Menschen kleiner werden. Es ist schwierig, sich von der Herde zu lösen, selbst wenn man glaubt, dass sie irgendwann über die Klippe springen wird. Im Jahr 1998 habe ich mich geweigert, Cisco zum Hundertfachen des Gewinns zu kaufen, aber 1999 wurde das Unternehmen zum Zweihundertfachen gehandelt, bevor die Decke einstürzte. Die Wahrheit ist: Inmitten der Herde ist es wärmer. »Anleger«, die keine Value-Anleger sind, haben, egal worauf sie sonst setzen (Wachstum, Wachstum zum vernünftigen Preis, Momentum, technische Faktoren etc.), dieses Problem nicht, jedenfalls nicht in meinem Bereich, also bei Publikumsfonds. Die meisten dieser Fonds sind »versteckte« Index-Klone, richten ihre Portfolios also nah am Index aus, damit sie kurzfristig nicht etwa schlechter abschneiden. Mit anderen Worten: Sie trauen sich nicht, sich von der Herde zu lösen, und wenn sie es doch tun und in den nächsten Monaten nicht sofort Erfolg damit haben, dann kehren sie schnell wieder in ihr Rudel zurück.

Warren Buffett hat einmal sinngemäß gesagt, um dauerhaft ein erfolgreicher Anleger zu sein, braucht man keinen hohen IQ, aber die richtige Persönlichkeit. Damit meint er, so glaube ich, die Bereitschaft, etwas anders zu machen und gegen den Strom zu schwimmen, wann immer man das für richtig hält – aber nicht aus Prinzip, denn dann wäre man schlicht ein Contrarian. Uns macht es nichts aus, gegen den Strom zu schwimmen. Einmal hat mich jemand gefragt, was wohl der Grund dafür ist. Ich bin mir nicht sicher, aber als ich in den frühen 1950er-Jahren in Frankreich aufwuchs, bin ich sonntags in den katholischen Gottesdienst gegangen. Der Priester erhob sich zur Predigt und sagte: »Erwartet nicht, auf Erden glücklich zu werden. Das Diesseits ist ein Tal der Tränen.« Also bin ich, anders als viele Amerikaner, die offenbar erwarten, dass sie jeden Tag glücklich sind, eher bereit, das Leid hinzunehmen, das mit dem Schwimmen gegen den Strom einhergeht.

In dem Film *Eine Klasse für sich* geht es um semiprofessionelle Frauen-Baseballteams im Zweiten Weltkrieg. Die beste Spielerin will aufhören und der Trainer fragt sie nach den Gründen. »Baseball ist schwierig«, sagt die Spielerin. Der Trainer wird rasend und schreit sinngemäß: »Natürlich ist es schwierig, es soll ja auch schwierig sein, ansonsten könnte es ja jeder, und dass er so schwierig ist, macht den Sport so toll!« Mit anderen Worten: Das meiste im Leben, das sich lohnt, ist nicht ohne Anstrengung zu haben, ob Baseball oder Geldanlage.

NOCH EIN GRUND DAFÜR, DASS ES WENIGE VALUE-ANLEGER GIBT

Es gibt noch weitere, weniger wichtige Gründe dafür, dass Value-Investing so selten ist. Es erfordert harte Arbeit. Der Großteil des Research an der Wall Street und außerhalb der USA hat einen Zeithorizont von sechs bis zwölf Monaten. Also sind diese Analysen – Ausnahmen bestätigen die Regel – für Value-Anleger nur von geringem Nutzen. Den größten Teil dieser Arbeit müssen wir deshalb selbst erledigen. Growth-Anleger wollen, wenn sie nicht eher Value-Anleger im Stil von Warren Buffett sind, immer noch kurzfristig Geld verdienen. Sie verkauften Sodexo bei den ersten Anzeichen dafür, dass es ein – vorübergehendes – Problem bei der britischen Tochter gab (siehe »Wenn langfristige Interessen zusammenfallen« in Kapitel 2).

UNSERE LANGFRISTIGEN RENDITEN BERUHEN ZU GROSSEN TEILEN AUF DEM, WAS WIR NICHT GEKAUFT HABEN

Wie Bruce Greenwald erklärt, liegen Growth-Anleger »die meiste Zeit über zurück«, aber nicht etwa mit Absicht ... Value-Anleger dagegen nehmen von Anfang an hin, dass sie gelegentlich weniger Performance erzielen werden als der Gesamtmarkt.

Bei SoGen Funds (heute First Eagle Funds) verwalteten wir im Herbst 1997 etwa 6 Milliarden Dollar. Dann aber begannen wir, gegenüber unseren Konkurrenten und den Benchmarks zurückzufallen, und es kam zu Anteilsrückgaben. Zwar verdienten wir weiterhin Geld für die Anleger in unseren Fonds, aber weniger, deutlich weniger, als aggressive »Anleger«. Also nahmen die Rückgaben rapide zu, und im Frühjahr 2000 betrug unser verwaltetes Vermögen nur noch gut 2 Milliarden Dollar.

Die Anteilseigner der Fonds Global und Overseas hatten bemerkt, dass wir nicht die TMT-Aktien besaßen, die damals in Mode waren. Erstens kaufe ich ohnehin nicht gerne Technologieaktien, weil sich diese Branche zu schnell verändert – das Geschäftsmodell etwa von Brauereien oder Klempnern ist mir viel lieber. Zweitens und noch wichtiger: Ich hielt die meisten dieser Technologieaktien für ziemlich überteuert. Natürlich kann niemand wissen, wie hoch hoch ist, und tatsächlich wurden die TMT-Aktien 1998 und 1999 sogar noch teurer. Aber ich bin ein Value-Mensch, also hatte ich nicht vor, der Herde zu folgen. Tatsächlich kamen die Renditen der Fonds First Eagle Global und First Eagle Overseas unter meiner Führung über 28 bzw. 13 Jahre (unterstützt von unseren internen Analysten) zu großen Teilen durch das zustande, was ich nicht kaufte: Japanische Aktien in den späten 1980er-Jahren, TMT in den späten 1990ern und Bankaktien in den Jahren vor der Finanzkrise 2008.

Außer von TMT-Aktien Ende der 90er-Jahre ließ ich die Finger auch von den Aktien von Kasino-Betreibern. Ein bekannter Politiker soll einmal gesagt haben: »Ich habe noch nie eine Steuer gesehen, die mir nicht gefallen hat.« Kasinos (und Lotterien) sind böse: Sie schaden vor allem armen Menschen. Politiker aber lieben sie: Kasinos bringen Steuereinnahmen, also wird der Bau von zu vielen davon genehmigt. Derzeit werden in New Jersey einige geschlossen. Das Geschäft ist also keine sichere Sache. Andererseits ist nichts richtig sicher ... Einmal habe ich allerdings eine Ausnahme von meiner Keine-Kasinos-Regel gemacht und in Genting Malaysia investiert.

Auch von Finanzinstituten habe ich üblicherweise die Finger gelassen. Ich bin alt genug, um mich noch daran zu erinnern, wie einfach das Bankgeschäft früher war: Am Morgen zahlt ein Kunde Geld ein, bis zum Mittag findet sich ein Kreditnehmer (ein lokales Unternehmen oder eine Privatperson) dafür, und am Nachmittag geht der Banker mit seinen Kunden Golf spielen. Das ist natürlich übertrieben. Aber seit diesen Zeiten sind Banken zu Quasi-Hedgefonds geworden. Auch das ist übertrieben, aber nicht allzu sehr. Viele Banken haben sich enorm verschuldet, mit einem Verhältnis von Schulden zu Eigenkapital von 30:1 und mehr. Damit der Wert ihrer Aktiva um 3 oder 4 % sinkt, muss nicht viel passieren. Und wenn man 30 Einheiten Schulden hat und nur eine Einheit Eigenkapital und die Aktiva dann 4 % verlieren, ist man – zumindest vorübergehend – insolvent. Derzeit bin ich mir nicht sicher, was Banking ausmacht und wie es in Zukunft aussehen wird. Paul Volcker hat dazu gesagt, die einzige gute Finanzinnovation sei der Geldautomat gewesen ... Ich mag immer noch sogenannte Community-Banker wie Bob Wilmers von der M&T Bank, doch auch in diesem traditionellen Bankgeschäft könnte sich das Internet als disruptive Kraft erweisen.

WARREN BUFFETT: 1. IM EIGENEN KOMPETENZKREIS BLEIBEN, 2. FAST NIE VERKAUFEN

Bruce Greenwald sagte einmal zu mir, wenn man genau hinsieht, dann sieht man, dass sich Warren Buffett in der Vergangenheit auf vier Sektoren konzentriert hat: Banken (doch, wirklich ...), Versicherungen, Medien und Basiskonsumgüter. Vor Kurzem ist er allerdings bei Eisenbahnen (zugegebenermaßen ein kaum replizierbarer Vermögenswert, gut »für die nächsten 100 Jahre«) und anderen kapitalintensiven Unternehmen wie Versorgern eingestiegen und hat erneut gezeigt, dass sein Denken flexibel ist. Weiter sagte Bruce, Buffett würde fast nie verkaufen. Erstens macht er sehr wenige Fehler, zweitens konzentriert er sich wie erwähnt auf Unternehmen mit einem nachhaltigen Wettbewerbsvorteil, jenem schon oft erwähnten »Schutzgraben«, und solange diese Unternehmen weiterhin Werte schaffen und ihre Aktien nicht absurd teuer sind, sollte man sich von diesen »Zinseszins-Maschinen« nicht trennen. Bei First Eagle verkaufen wir ebenfalls nur ungern, wie an unserem geringen Portfolioumschlag zu erkennen ist, der nicht ganz zufällig auch steuerlich vorteilhaft ist, weil fast alle unsere realisierten Gewinne langfristig sind. Ebenso sind wir, anders als viele andere Value-Anleger, nicht unbedingt glücklich, wenn wir »herausgekauft« werden, wenn also ein Unternehmen übernommen wird, dessen Aktien wir besitzen. Zum Beispiel hatten wir eine große Position in Associated British Ports (ABP). Die Regierung von Margaret Thatcher vergab keine Konzessionen – sie verkaufte die Häfen über Börsengänge direkt, sodass Anleger sich keine Sorgen darüber machen mussten, ob die Regierung die Konzessionen später verlängern würde und zu welchen Bedingungen. Wir wurden bei ABP zu einem an sich fairen Preis herausgekauft. Allerdings hielten wir das Unternehmen für so gut, dass wir zufrieden gewesen wären, die Aktien für die nächsten zehn oder 20 Jahre zu behalten.

OMAHA 50 JAHRE SPÄTER …

Die Moral dieser Geschichte lautet: Manche Menschen haben zufälligerweise vor einem halben Jahrhundert in Omaha gelebt und waren Freunde oder Nachbarn von Warren Buffett. Er schien zu wissen, wovon er sprach, und – sehr wichtig – er schien integer zu sein. Also investierten sie bei ihm, manchmal nur kleinere Summen, aber Buffett verdiente damit mehr als 40 Jahre lang jedes Jahr 20 % mit Zinseszins-Effekt, und wie Einstein sagte, ist Zinseszins eines der Weltwunder. Also sind diese Menschen heute ausgesprochen reich.

Ich wiederum bin kein Warren Buffett. Unsere Fonds Global und Overseas haben keine 40 Jahre lang jedes Jahr 20 % geschafft. Aber sie haben sich über einen ansehnlich langen Zeitraum gut entwickelt, in starken wie in schwachen Märkten (siehe Anhang C). Mit anderen Worten: Die Anleger, die uns treu geblieben sind (die »glücklichen Wenigen«) wurden für ihre Geduld belohnt.

WIE ERGING ES VALUE-ANLEGERN IM JAHR 2008?

Viele Value-Anleger lagen im Jahr 2008 mit 35, 40 oder 45 % im Minus, das war ebenso viel wie bei anderen Anlegern, wenn nicht sogar mehr. Wie konnte das passieren, wo Value-Anleger doch in der Vergangenheit bei starken Kursrückgängen zumeist besser abgeschnitten hatten als andere? Eine kurze Antwort auf diese Frage lautet: Hey, das war nur ein Jahr, und Value-Anleger versuchen, langfristig gut zu sein. Das ist richtig, aber die Mathematik kann hässlich sein: Wenn man in einem bestimmten Jahr 40 % verliert, muss man im Jahr darauf 67 % gewinnen, nur um nach den zwei Jahren insgesamt wieder auf 0 zu sein. Eine andere Sichtweise darauf hat mit Martin Whitmans wichtiger Unterscheidung zwischen vorübergehendem unrealisiertem

Kapitalverlust und dauerhafter Kapitalminderung zu tun. Man kauft eine Aktie bei 50 Dollar, weil man glaubt, dass ihr innerer Wert über 70 Dollar liegt. Nach einem oder zwei Jahren fällt sie auf 30 Dollar. Man glaubt aber immer noch, dass der innere Wert mehr als 70 Dollar beträgt. Also behält man die Aktie, nachdem man noch einmal sorgfältig geprüft hat, dass man das Unternehmen richtig verstanden hat. Manchmal aber haben externe Umstände dazu geführt, dass das Geschäftsmodell inzwischen schlechter geworden ist. So hat die Entwicklung des Internets dem Zeitungsgeschäft schweren Schaden zugefügt. Oder das Management kann Fehler gemacht haben. Und dann geht es nicht mehr um einen vorübergehenden unrealisierten Kapitalverlust, wegen dem man sich keine Sorgen machen muss, sondern um eine dauerhafte Kapitalminderung. In diesem Fall muss man verkaufen, wenn es sein muss, auch mit deutlichem Verlust. Und dann zieht man weiter.

Jedoch könnte das eigentliche Problem woanders liegen. Mehr als ein halbes Jahrhundert lang verstanden sich Value-Anleger als rein fundamental orientierte Anleger, weiter nichts. Sie schauten sich sorgfältig das Zahlenwerk eines Unternehmens an, und wenn sie damit zufrieden waren (auch mit den Fußnoten ...) und wenn sie eher zu Buffett als zu Graham neigten, versuchten sie anschließend, seine wichtigsten Stärken und Schwächen zu erkennen. Sie ignorierten alle makroökonomischen Faktoren, das Wirtschaftswachstum, die Inflation und die Zinsen, und damit sind sie lange Zeit über gut gefahren (tatsächlich haben Value-Anleger vom Konjunktur- wie vom Aktienmarktzyklus profitiert, weil sie Aktien meist auf dem Weg nach unten kaufen und auf dem Weg nach oben verkaufen). Im Jahr 2008 aber funktionierte das nicht mehr, denn damals machte sich das makroökonomische Umfeld auf brutale Weise bemerkbar.

FIRST EAGLE ALS MAKRO-ANLEGER?

Wir bei First Eagle waren schon immer von Herzen fundamental orientierte Anleger. Doch wir hatten dabei immer auch die Sorge, dass bei dem von uns berechneten inneren Wert der Unternehmen, in die wir investieren (oder investieren wollen), nicht berücksichtigt ist, dass es mehrere Jahre lang zu wirtschaftlichen und finanziellen Bedingungen kommen könnte, die, gemessen am Normalfall nach dem Zweiten Weltkrieg, außergewöhnlich schwierig sind. Und wir sahen die Finanzkrise kommen, denn wir beherzigten die Lehren der Österreichischen Ökonomie-Schule aus den 1920er-Jahren. Kurz zusammengefasst befanden die Österreicher damals, dass die geldpolitischen Behörden sich Sorgen über die Exzesse des Kredit-Booms machen sollten. Sie hatten recht, und auf die »Roaring Twenties« folgte die Große Depression.

Nun, auch Mitte der 1980er-Jahre setzte ein großer Kredit-Boom ein, der sich – nach einer kurzen Unterbrechung um 1990 herum – in den 90er-Jahren fortsetzte und nach der Jahrhundertwende beschleunigte. Ein Großteil des Wirtschaftswachstums in den USA – und in manchen anderen Ländern – spielte sich auf dem Rücken dieses Kredit-Booms ab.

Leider hörte der fundamentale Anleger in mir dem makroökonomischen Anleger, der ebenfalls in mir steckt, nicht gut genug zu. Also verloren unsere Fonds Global und Overseas im Jahr 2008 jeweils etwa 21 %; das war nur halb so viel wie bei vielen anderen, aber immer noch ziemlich enttäuschend. Unsere geringeren Verluste führe ich auf die Tatsache zurück, dass ich einen Fachaufsatz von William White gelesen hatte (siehe Abschnitt »Unersättliches Lesen« im nächsten Kapitel).

Heute stellt sich eine entscheidende Frage: Befinden wir uns noch in unserem seit der Nachkriegszeit gewohnten wirtschaftlichen und finanziellen Umfeld oder bewegen wir uns in einer neuen, noch undefinierten Wirtschafts- und Finanzlandschaft? Ich persönlich möchte nicht so tun, als würde ich die Antwort darauf kennen. Wie Graham zu sagen pflegte: »Die Zukunft ist ungewiss.« Aber ich glaube, dass man trotzdem auch makroökonomischen Faktoren Beachtung schenken sollte.

Im nächsten Kapitel äußere ich mich über Gold und die Gründe dafür, dass wir derzeit etwas Gold und einige Goldminen-Aktien halten. Zu diesen Gründen zählt die eben erwähnte Möglichkeit, dass wir uns als Folge der jüngsten Finanzkrise und der vollkommen beispiellosen Maßnahmen, die Regierungen in den vergangenen sieben Jahren ergriffen haben, in einer »neuen, noch undefinierten Wirtschafts- und Finanzlandschaft« befinden.

KAPITEL 5
ÜBER GOLD

DAS FRANZÖSISCHE INTERESSE AN GOLD

Weil ich aus Frankreich stamme, hatte ich schon immer zumindest eine intellektuelle Neugier auf Gold. Die erschreckende Französische Revolution im späten 18. Jahrhundert, die Besetzung von Frankreich durch deutsche Soldaten im Zweiten Weltkrieg, die Stärke der Kommunistischen Partei bis vor wenigen Jahrzehnten und immer wieder Zeiten mit hoher Inflation sind einige der Gründe, warum die Franzosen sich für Gold interessieren. Das Gleiche gilt für die Deutschen, die sich daran erinnern, dass bei ihnen während der Weimarer Republik eine Zeit lang Hyperinflation herrschte.

Zur Französischen Revolution ist zu sagen: Als ich in den 1950er-Jahren aufwuchs, sprachen die Geschichtsprofessoren (fast alle von ihnen Linke) mit glänzenden Augen davon. Um 1989 herum aber, 200 Jahre nach dem Sturm auf die Bastille, wurden revisionistische Bücher veröffentlicht, die Robespierre als Vorläufer von Hitler und Stalin darstellten. In den USA sah John Adams in der Französischen Revolution seinerzeit das, was sie war: ein Monster. Thomas Jefferson war anderer Meinung.

FRANKLIN D. ROOSEVELT UND GOLD

Die Amerikaner hatten historisch gesehen deutlich weniger Interesse an Gold. Schließlich hatte ihr Präsident Franklin D. Roosevelt den Besitz von mehr als fünf Unzen davon im Jahr 1933 für illegal erklärt und erst seit 1974 dürfen Amerikaner wieder mehr Gold besitzen. Übrigens bezahlte Roosevelt 1933 pro Unze 20 Dollar in bar und wertete den Dollar im Jahr darauf auf 35 Dollar pro Unze ab ...

DER 25-JÄHRIGE KREDIT-BOOM

Nachdem Paul Volcker als neuer Fed-Präsident ab 1979 die Inflation bezwungen hatte, fiel mir auf, dass sich in den USA Mitte bis Ende der 1980er-Jahre ein Kredit-Boom entwickelte. Dieser Boom wurde in den frühen 90ern schmerzhaft, aber nur kurz unterbrochen. Damals gerieten sowohl Sam Zell, im Immobilien-Bereich, als auch Rupert Murdoch, der Chef von News Corp, in Schwierigkeiten, von denen sie sich aber schnell wieder erholten. Der Kredit-Boom kam wieder in Gang und beschleunigte sich nach der Jahrhundertwende sogar noch. Man könnte sagen, dass das Wirtschaftswachstum während der Präsidentschaft von Bill Clinton und von George W. Bush schlicht auf exzessives Kredit-Wachstum zurückzuführen ist und so gesehen künstlich war. Die schlimmsten Exzesse gab es wahrscheinlich im Bereich der Wohnimmobilien. Viele Amerikaner nutzen ihr Haus oder ihre Wohnung mit Hilfe von Hypothekenkrediten als Geldautomat. Tatsächlich hörte die Musik wohl erst auf zu spielen, als der letzte Mensch, der keinen Job, kein Einkommen und kein Vermögen hatte, eine Hypothek ohne Eigenkapital-Anteil aufgenommen hatte ...

KEYNES VS. DIE ÖSTERREICHER

Nur sehr wenige Personen in Regierungen, Unternehmen und Forschung sahen die Krise kommen. Alle dort (oder fast alle) sind Neokeynesianer, auch wenn ich manchmal nicht sicher bin, ob Keynes selbst, wenn er noch leben würde, heute Neokeynesianer wäre. Die Wahrheit ist jedenfalls, dass Keynes ein brillanter Autor war, der König des verführerischen Paradoxes, aber am Ende doch ein Quacksalber.

Ich hatte mich schon ein wenig mit der Österreichischen Schule beschäftigt, und es kam mir so vor, als würde der 25-jährige Kredit-Boom (auch wenn er noch länger anhielt) dem in den 1920er-Jahren ähneln. Damals gingen Ende des Jahrzehnts sowohl der US-Aktienmarkt als auch der Immobilienmarkt (beim Florida-Landboom) durch die Decke. Ähnliche Exzesse gab es in Europa. Die sogenannten Österreicher (vor allem Hayek und von Mises) hatten die ganze Zeit über gewarnt, die Behörden sollten einen Kredit-Boom nicht zu lange laufen und nicht zu stark werden lassen, weil auf den Boom ein Niedergang folgen würde, so wie auf den Tag die Nacht folgt. Und natürlich passierte genau das in der anschließenden Großen Depression. »Geld ist wichtig und Kredit zählt« – im Gegensatz zu den Überzeugungen so vieler Ökonomen mit ihren unsinnigen computergenerierten Modellen. Also bietet die Österreichische Schule meiner Meinung nach die beste Erklärung für die jüngste (und anhaltende) Finanzkrise. Im *Austrian Economics Newsletter* (1996) schrieb Jim Grant: »Was wir suchen, sind Extreme an den Märkten: sehr unterbewertet oder sehr überbewertet. Die österreichische Theorie hat uns mit Sicherheit einen Vorteil verschafft. Wenn man von einer Theorie ausgehen kann, vermeidet man das Problem, das man hat, wenn man im Dunkeln über Stühle und Nachttische stolpert. Mit einer Theorie kann man zumindest beginnen, sich im Dunklen, wo wir alle tätig sind, etwas vorzustellen. Die Zukunft ist stets unbeleuchtet. Aber mit einem Theoriegebäude kann man vorwegnehmen, wo Strukturen liegen könnten. Ab und zu ist man dadurch in der Lage, rechtzeitig auszuweichen.«

In einem Fachaufsatz vom Juli 2009 schrieben die beiden peruanischen Ökonomen Juan José Garrido Koechlin und Camilo Ferreira Legua: »Die Ursprünge dieser Wirtschaftskrise (…) liegen in der künstlichen Kredit-Expansion. (…) Die Mehrheit der Anhänger der Österreichischen Schule haben Untätigkeit als Reaktion auf die Krise verteidigt. (…) Man sollte nichts unternehmen, die Wirtschaft werde sich von allein erholen, waren die Worte von Hayek. (…) Wie Mark Slouson (2009) deutlich erklärt, war das angesichts des Vorschlags von Keynes vielleicht der größte Fehler der Schule. (…) Wenn die Österreicher Anpassungen bei öffentlichen Ausgaben, Steuersenkungen (...) vorgeschlagen hätten, wäre der Kampf der Ideen vielleicht von Hayek und von Mises gewonnen worden, nicht von den Keynesianern.«

»UNERSÄTTLICHES LESEN«

Vor langer Zeit habe ich gehört, dass Warren Buffett und Charlie Munger unersättliche Leser sind. Ich bin auf keinen Fall so klug wie diese beiden Herren, aber ich habe mir überlegt, wenn Lesen ihnen geholfen hat, dann würde es vielleicht auch mir helfen. Also bin ich seit dieser Zeit ebenfalls ein unersättlicher Leser. Hier eine persönliche Anekdote dazu: Vor vielen Jahren wurde unsere jüngere Tochter Pauline – sie muss sechs oder sieben gewesen sein – von einer Schulfreundin gefragt, welchen Beruf ihr Vater habe. Sie wusste es nicht und schämte sich. Abends fragte sie mich dann danach. Ich hatte nicht das Gefühl, dass ich einem Kind Vermögensverwaltung erklären kann, also beschloss ich, ihr zu erzählen, was ich im Büro mache. Die Hälfte der Zeit, sagte ich, lese ich und die andere Hälfte spreche ich mit unseren Analysten. »Lesen, sprechen«, sagte Pauline, »das ist keine Arbeit!« Nun ja ...

Weil ich unersättlich las, hatte ich das Glück, im April 2006 auf einen hellsichtigen Artikel von William White mit dem Titel »Ist Preisstabilität genug?« zu stoßen. White war damals Chefökonom der Bank für Internationalen Zahlungsausgleich (BIZ) in Basel (die BIZ ist die Zentralbank der Zentralbanken). Er erklärte, dass es nicht ausreiche, allgemeine Prosperität und scheinbar niedrige Inflation zu haben. Unter Verweis auf die Österreichische Schule warnte er vor den Gefahren des Kredit-Booms.

FIRST EAGLE FONDS UND GOLD

Als ich am 1. Januar 1979 die Verwaltung des damaligen SoGen International Fund (heute First Eagle Global Fund) übernahm, kaufte ich einige Goldminen-Aktien; als Paul Volcker, der neue Fed-Präsident, Anfang der 1980er-Jahre der Inflation das Rückgrat gebrochen hatte (unterstützt wurde er dabei, nicht ganz zufällig, durch die Veränderungen am Verbraucherpreisindex im Jahr 1980), verkaufte ich sie wieder. Lange Zeit über war das einzige Wertpapier im Fonds mit Goldbezug dann die BIZ, weil es so außergewöhnlich billig war (diese Investition bespreche ich als eines der Beispiele am Ende dieses Buches). Doch als der Kredit-Boom im Jahr 1993 wieder in Gang kam, kaufte ich erneut einige Goldminen-Aktien und später auch etwas Gold, und im Oktober 1993 legte ich beim Preis von etwa 370 Dollar pro Unze einen Gold-Fonds auf.

EIN TIMING-FEHLER

Der Gold-Fonds war ein Fehler, denn er kam sieben Jahre zu früh. Ich hatte keine Ahnung, wann der Goldpreis als (von den Behörden unbeabsichtigte) Folge des Niedergangs nach dem Kredit-Boom steigen würde. Ich dachte lediglich, dass sich das Aufwärtspotenzial schon irgendwann von selbst zeigen würde und dass ich bis dahin durch das Ungleichgewicht zwischen Nachfrage (meist für Schmuck) und Angebot (größtenteils die Minen-Produktion) gegen das Abwärtspotenzial abgesichert wäre. Ich täuschte mich: Entscheidend ist die Kapitalmarkt-Nachfrage nach Gold. Und die war – wenn sie in dieser Zeit etwas war – eindeutig negativ, weil Anleger keinen Appetit auf Gold hatten und weil manche Zentralbanken einen Teil ihrer Bestände verkauften (insbesondere Großbritannien und Frankreich schafften es, den Großteil ihres Goldes zum oder nahe am niedrigsten Preis zu verkaufen).

DIE RETTUNG VON LONG-TERM CAPITAL MANAGEMENT

Anfang 1998, nach fast fünf Jahren, dachte ich also, ich hätte mit dem Gold-Fonds nichts vorzuweisen als Verluste (weil der Goldpreis seit 1993 auf etwa 300 Dollar gefallen war) und sollte vielleicht meinen Fehler eingestehen und mich dafür entschuldigen; in einem Brief an die Anteilseigner wollte ich ihnen vorschlagen, dass sie ihre Anteile zurückgeben und weiterziehen. Dann aber, im Herbst 1998, geriet Long-Term Capital Management (LTCM, ein Hedgefonds mit mehreren Nobelpreisträgern als Partner) in eine Schieflage und die Federal Reserve Bank of New York organisierte eine Rettungsaktion. Ich dachte, eine Bank mit Einlagenkunden zu retten, ist die eine Sache, die Rettung eines Hedgefonds aber eine ganz andere. Tatsächlich ist ein Hedgefonds genau das, was auf keinen Fall gerettet werden sollte – LTCM hatte eine riesige gehebelte Wette abgeschlossen und verloren, also sollten sie bezahlen, sie und ihre Freunde an der Wall Street, die von der Wette gehört und sie nachgemacht hatten. Zu diesem Aspekt empfehle ich das hervorragende Buch von Roger Lowenstein (dem

Sohn von Louis Lowenstein): *Der große Irrtum*, in dem er die Geschichte von LTCM erzählt. Ich sah die Rettung als ein Anzeichen für extreme finanzielle Fragilität des Systems, was natürlich irgendwann von Vorteil für Gold sein musste!

Also hielt ich an dem Gold-Fonds fest, auch wenn ein Mitglied meines Boards zur Jahrhundertwende vorschlug, ihn aufzulösen. Damals war er auf ein Volumen von 10 bis 15 Millionen Dollar geschrumpft und ich selbst war nach einer Stiftung aus Louisiana sein zweitgrößter Anteilseigner. John Arnhold sprach sich, wofür ihm Anerkennung gebührt, mit Erfolg gegen eine Liquidation aus.

GOLD ALS GELD ODER WO ICH MICH VON BUFFETT UND MUNGER UNTERSCHEIDE

Ich bin mir völlig darüber im Klaren, dass sich Warren Buffett und sein Partner Charlie Munger sehr deutlich gegen Gold ausgesprochen haben. Aber die beiden sehen Gold auch nicht als Geld an. Dabei wurde Gold lange Zeit als Geld genutzt. Benn Steil (Leiter für internationale Ökonomie am Council on Foreign Relations) hat dazu erklärt: »Die Verbindung zwischen Geld und Gold hatte sich zwar seit fast 60 Jahren abgeschwächt, vorher aber hatte sie über einen Zeitraum von zweieinhalb Jahrtausenden fast überall auf der Welt existiert und war nur vorübergehen in Krisenzeiten unterbrochen worden.« Heutzutage ist Gold natürlich kein gesetzliches Zahlungsmittel mehr. Aber immer, wenn irgendein Kongressabgeordneter dem damaligen Fed-Chef Alan Greenspan vorschlug, das Gold in Fort Knox zu verkaufen, entgegnete der, Gold sei das Geld der letzten Instanz, die Ersatzwährung, wenn allen anderen Währungen misstraut wird. Ich kann Greenspan nicht viel zugutehalten, das aber sehr wohl. Wenn ich nach ihm jetzt wieder selbst das Wort ergreifen darf: Gold ist niemands Verbindlichkeit. Es kann nicht gedruckt und nicht entwertet werden.

EINE KURZE GESCHICHTE VON GOLD ALS GELD

Aber schauen wir uns ein wenig die jüngere Geschichte an. Nach den Gold-Funden in den 1830er- und 1840er-Jahren in den USA und in den 1850ern auch in Australien galt in vielen Ländern bis zum Ersten Weltkrieg der klassische Goldstandard. Nach dem Krieg ging der Großteil der Welt zu einer abgeschwächten Version über, dem Gold-Wechsel-Standard – und gegen Ende des Zweiten Weltkriegs, im Jahr 1944, zum noch schwächeren Abkommen von Bretton Woods. 1971 schließlich schloss US-Präsident Nixon das Goldfenster, bei dem ausländische Staaten ihre Dollars gegen US-Gold eintauschen konnten. Das war die letzte verbliebene Beschränkung gewesen. Nach ihrer Abschaffung leben wir seit nunmehr 45 Jahren in einem reinen Papiergeldsystem. Und die Geschichte solcher Systeme ist nicht eben ermutigend. Nebenbei: Richard Nixon war Republikaner, zumindest dem Namen nach. Trotzdem verfügte er in der gleichen Zeit, als er das Goldfenster schloss, Lohn- und Preiskontrollen. Und obendrein erklärte er noch: »Ich bin jetzt Keynesianer.« (Politiker mögen Keynes allgemein gern, weil er sagt, die Nachfrage des Privatsektors sei oft schwach und deshalb müsse die des öffentlichen Sektors steigen; die meisten Politiker erhöhen liebend gern die Staatsausgaben, insbesondere vor Wahlen, wobei die Rechten meist mehr Geld für Rüstung ausgeben und die Linken für den Wohlfahrtsstaat.) Und doch ist es so, wie Jean-Baptiste Say, der hervorragende französische Ökonom (1767–1832) festgestellt hat: »Angebot schafft seine eigene Nachfrage.« Also sollte das Angebot gestärkt werden, nicht die Nachfrage. Natürlich aber wollte Nixon im Jahr 1972 wiedergewählt werden und billiges und einfaches Geld würde dabei helfen. Was seine Erwähnung von Keynes angeht, dazu schrieb Richard Hurowitz in einem Artikel für das *Wall Street Journal*: »Nixons Ankündigung war letztlich der Gnadenstoß für Bretton Woods, das internationale Währungssystem, zu dessen wichtigsten Architekten Keynes gezählt hatte.«

WARUM ALSO GOLD?

In den USA könnte die beispiellose geld- und fiskalpolitische Stimulierung der vergangenen sieben Jahre unerwünschte Folgen haben. Schließlich sind kurzfristige Zinsen nahe null (Geld sollte nicht kostenlos sein ...), die enorme Zunahme der Schulden bei der US-Bundesregierung und die Quantitative Lockerung (beginnen konnte die Fed diese Politik problemlos, doch der Ausstieg aus ihr droht schwierig zu werden) äußerst beunruhigend. Dies gilt umso mehr, als das Ergebnis von alldem bislang bestenfalls mittelmäßig war – ein schwacher Aufschwung in der US-Wirtschaft. Die neokeynesianische Medizin wirkt nicht. Ja, die US-Behörden haben es geschafft, die Lage kurz- und mittelfristig (hauptsächlich durch ein Aufblähen an den Aktien- und Anleihenmärkten) zu stabilisieren, indem sie die Dose weiter die Straße heruntertreten. Doch der Preis dafür sind mögliche Probleme auf lange Sicht.

Nach einem 25 Jahre (von 1982 bis 2007) währenden Kredit-Boom sind im Privatsektor immer noch deflationäre Kräfte am Werk. Irgendwann werden die Behörden mit ihrer aktuellen Politik zu weit gehen. »Wahnsinn bedeutet«, so sagte Einstein, »immer und immer wieder dasselbe zu machen und ein anderes Ergebnis zu erwarten.«

Albert Edwards von Société Générale hat es so formuliert: Erst wird die Deflation kommen und dann wird sie für intolerabel erklärt werden, also werden die Behörden das beginnen, was die Franzosen »la fuite en avant« nennen, die Flucht nach vorn in die Inflation. Und dann, so Edwards, wird der Preis für Gold auf 10.000 Dollar pro Unze steigen.

James Grant schrieb dazu in *Grant's Interest Rate Observer*: »Gold ist eine gut fundierte Spekulation auf die nicht allzu helle Zukunft für die Art von Geld, die auf Knopfdruck der Federal Reserve einfach vom Himmel zu fallen scheint.« Das ist eine Anspielung auf die (launig gemeinte) Beobachtung von Milton Friedman, dass die währungspolitischen Stellen stets Inflation schaffen könnten, indem sie Hubschrauber mit Tüten voller 100-Dollarscheine beladen und sie von Beamten des Finanzministeriums über der Bevölkerung abwerfen lassen. Von daher kommt der Spitzname »Helikopter-Ben« für Ben Bernanke. Einige Monate zuvor hatte ein Kolumnist der *Financial Times* (ganz im Ernst) vorgeschlagen, es solle Geld vom Himmel abgeworfen werden. Und er blieb damit nicht allein.

Apropos Bernanke: Die Jahre vor dem Ausbrechen der Finanzkrise bezeichnete er als »Great Moderation«, als »Große Mäßigung«. Richtig ist das genaue Gegenteil. Wie Hyman Minsky* sagte, führt Stabilität zu Instabilität. Tatsächlich sind Deflation und Inflation nur zwei Seiten derselben Medaille. Und Gold ist der einzige bedeutende Vermögenswert, der eine Absicherung gegen beides bietet. Jedenfalls glauben die Österreicher, dass Inflation nicht mit einem Anstieg des Verbraucherpreisindex oder der Preise für verschiedene Vermögenswerte gleichzusetzen ist: Dies sind nur Symptome der Inflation, die eigentlich in der exzessiven Schaffung von Geld und Kredit begründet liegt.

WAS SIND DIE BÄREN-ARGUMENTE GEGEN GOLD UND WIE LAUTEN MEINE ANTWORTEN DARAUF?

1. *Es ist ein Rohstoff!* – Nun ja, kaum. Hauptsächlich ist es Geld.
2. *Es liefert keinen Ertrag!* – Noch einmal – es ist Geld, es ist eine Ersatzwährung, es ist Bargeld. Ein Dollarschein liefert auch keinen Ertrag.

* Hyman P. Minsky und Murray Rothbard, die ähnliche Überlegungen anstellten wie die Österreichische Schule, waren die beiden großen amerikanischen Ökonomen des 20. Jahrhunderts. In Frankreich waren es Maurice Allais und Jacques Rueff.

3. *Es lässt sich unmöglich bewerten, der Preis dürfte zu hoch sein!* – Dylan Grice hat ausgerechnet, dass der Preis, wenn die US-Geldbasis vollständig mit Gold gedeckt wäre, im April 2013 bei mehr als 11.000 Dollar pro Unze gelegen hätte. Ähnlich Jim Grant im Jahr 2012: Damit M2 zu 10 % durch Gold gedeckt ist, müsste sein Preis bei 3.300 Dollar pro Unze liegen; sowohl die Geldbasis als auch M2 sind seitdem gewachsen. Außerdem zitiert James Rickards in seinem aktuellen Buch *The Death of Money* den früheren Fed-Vizevorsitzenden Paul Volcker, der im Oktober 2012 sagte: »Wenn ein Goldstandard effektiv sein soll, muss man den Preis von Gold fixieren und wirklich daran festhalten. Um heute technisch einen Goldstandard zu bekommen, einen altmodischen Goldstandard, und wenn man all die Dollars in ausländischer Hand mit Gold ersetzen müsste – mein Gott, der Preis (…) von Gold wäre enorm.« Apropos Paul Volcker: Er hat einmal gesagt, der Geldautomat sei die einzige gute Innovation der Finanzbranche gewesen. Und er hat recht damit. Der Rest sind hauptsächlich neue Methoden, die sich die Wall Street ausdenkt, um mehr Kredit-Hebelung zu schaffen.
4. *Es ist laut Keynes ein »barbarisches Relikt«!* – Eine Finanzkrise ähnlich der jüngsten (und noch anhaltenden) wäre unter dem klassischen Goldstandard wegen der Beschränkungen für staatliches Handeln, die er mit sich bringt, nicht möglich gewesen. Natürlich waren die Krisen zu Keynes' Zeiten schmerzhaft, der Konjunkturzyklus ließ sich nicht abschaffen, doch die Krisen waren kurz.
5. *Die neokeynesianische Medizin wird letztlich doch wirken – die Regierungen schaffen es, das System erneut zu hebeln, die Volkswirtschaften entwickeln sich besser, die Verbraucherpreise verhalten sich ruhig, die Quantitative Lockerung in vielen Ländern kann bald enden, die Zinsen werden nur leicht steigen!* – Das ist natürlich möglich (»Die Zukunft ist ungewiss«,

wie Benjamin Graham trocken zu sagen pflegte), kommt mir aber unwahrscheinlich vor.

6. *Die Behörden werden Gold in Privatbesitz konfiszieren, so wie es schon einmal gemacht wurde, von Franklin D. Roosevelt im Jahr 1933, der außerdem eine Möglichkeit fand, die Goldklausel in Verträgen abzuschaffen!* – Heute ist es schwieriger, Gold zu konfiszieren, vor allem unter extremen Umständen. Das Vertrauen der Öffentlichkeit in die Behörden ist nicht mehr das, was es einmal war. Das Gleiche gilt für die Gehorsamkeit der Bürger. Tatsächlich sind die Eliten, wie Martin Wolf in der *Financial Times* schrieb, diskreditiert.
7. *Wenn die »realen« Zinsen (also die Zinsen abzüglich der Verbraucherpreisinflation) wieder positiv sind, wird der Goldpreis leiden!* – Das hängt davon ab, welche Zinsen man meint. Gold ist Geld, also kommt es dafür auf die kurzfristigen Zinsen an. Auch in den 1970er-Jahren sind die Zinsen (kurz- wie langfristige) gestiegen, aber ebenso der Goldpreis. Und apropos Verbraucherpreisindex: Nach den Veränderungen an der Berechnungsweise dafür im Jahr 1980 wirkt er etwas suspekt. John Crudele, ein Journalist der *New York Post*, hat vielleicht recht, wenn er das schreibt. Und zuletzt: Kurzfristige Realzinsen über 0 % wären der Todeskuss für viele »Zombie«-Unternehmen.
8. *Gold zu besitzen, ist eine Glaubenssache!* – Nein, es zeigt einfach mangelndes Vertrauen in Zentralbanker.
9. *Gold wurde »demonetarisiert«!* – Es gibt ein altes Wagner-Zitat, das lautet: »Wer das Gold hat, macht die Regeln« ...

DAS ENDSPIEL?

Wie es Christopher Wood von der CLSA-Bank im Jahr 2012 formulierte: »Das Spiel wird vorbei sein, wenn Anleger aufhören, die aktuelle

Staatsanleihe als sicheren Hafen anzusehen. (…) Quantitative Lockerung wird diskreditiert werden und mit ihr höchstwahrscheinlich auch das moderne Währungssystem des Fiat-Geldes, ebenso wie natürlich monetaristische und keynesianische Lehren. (…) Dies ist kein normaler Zyklus. (…) Niemand kann sicher sein, ob das letztliche Ergebnis deflationär oder hyperinflationär wird, (…) und Gold ist die einzige effektive Absicherung gegen beides.« Und weiter im Januar 2014: »Zentralbanken einschließlich der Federal Reserve werden nicht in der Lage sein, auf sanfte Weise aus der unkonventionellen Geldpolitik auszusteigen, sie werden an der Vergrößerung ihrer Bilanzen festhalten. Diese Politik wird Zentralbanken mit unkonventionellen Geldpolitik letztlich diskreditieren, was die Stabilität und tatsächlich auch die Integrität des derzeitigen Währungssystems mit seinem Fiat-Papiergeld bedroht.«

Wir erleben nicht zum ersten Mal, dass Gold extrem volatil ist. Zwischen Ende 1974 und Mitte 1976 fiel der Goldpreis um fast 50 %. Ein weiterer rapider Preisrückgang ereignete sich Ende 2008. Aber noch einmal: Volatilität ist nicht Risiko. Die meisten Anleger scheinen heute zu glauben, dass die Finanzkrise hinter uns liegt, dass die US-Wirtschaft zurück in der »Normalität« ist und dass jetzt jederzeit die »Fluchtgeschwindigkeit« erreicht werden müsste, dass also Wachstum von real 3 % praktisch bevorsteht. Das ist durchaus möglich, meiner Meinung nach aber unwahrscheinlich. Es sind schlicht noch zu viele Schulden im Spiel, von denen ein Teil teilweise oder ganz hätte abgeschrieben werden sollen, was aber nicht geschehen ist. Wenn zu viele Schulden der Hauptgrund für die Finanzkrise waren, und das waren sie, wie kann die Lösung dann in noch mehr Schulden liegen? Die Staatsschulden sind explosiv angestiegen, die Schulden von Privathaushalten haben sich kaum verringert, und Unternehmen horten Liquidität – allerdings größtenteils im Ausland, um Steuern zu sparen – und haben noch vor Kurzem tonnenweise Anleihen emittiert, um ihre Aktienrückkäufe zu finanzieren. Außerdem gebärden sich manche Anleger wie

Chuck Prince (damals Chef der Citibank), der kurz vor der Finanzkrise sagte: »Solange die Musik spielt, muss ich aufstehen und tanzen.«

Paul Singer von Elliott Management brachte Ende 2014 eine ganz andere Meinung zum Ausdruck. Laut Bloomberg sagte er, »die Wirtschaftsdaten untertreiben bei der Inflation und übertreiben beim Wachstum, (...) und die Politik der Zentralbanken in den vergangenen sechs Jahren ist nicht durchhaltbar. Wenn Anleger das Vertrauen in die Wirksamkeit der geldpolitischen Stimulierung verlieren, kann dieser Verlust gravierend und plötzlich sein und in mehreren Märkten und Sektoren gleichzeitig auftreten. (...) Die ›Quantitative Lockerung‹ der Zentralbanken wird kein dauerhaftes Wachstum erzeugen. (...) Viele Daten sind manipuliert oder irreführend, denn Ökonomen nehmen ›Anpassungen‹ und andere Tricks bereitwillig hin.«

Noch einmal: Die Zukunft ist ungewiss, aber die oben genannten Risiken sind – in meinen Augen – Grund genug für eine Positionierung in Gold.

Wie der große Peter L. Bernstein zu sagen pflegte, bietet Gold eine Absicherung gegen extreme Entwicklungen, und »eine kleine Position in Gold ist immer sinnvoll«. Ich würde 10 % für einen guten Anteil halten, aber hier kann man natürlich anderer Meinung sein. Unter 10 % ist die Position relativ irrelevant, darüber wird sie zur Spekulation. Das letzte Wort ist übrigens interessant: Es kommt vom lateinischen »speculare« und bedeutet »beobachten«, was nichts Schlechtes sein muss ...

GOLDBARREN ODER GOLDMINEN-AKTIEN?

Wenn ein Anleger Gold als Geld ansieht, dann sollte er Barren bevorzugen. Bei Goldminen-Aktien kommen die Risiken (und die Chancen) des Abbaus hinzu. Im Extremfall können die Aktien wertlos werden, wenn ein Unternehmen Goldvorkommen besitzt, die sich aber nicht abbauen lassen – selbst wenn der Goldpreis auf 10.000 Dollar pro

Unze steigt. Auf der anderen Seite war es früher (in den letzten Jahren allerdings nicht mehr) so, dass die Minen-Aktien um 30 % stiegen (oder fielen), wenn der Goldpreis um 10 % stieg (oder fiel). Außerdem würden Goldminen-Aktien profitieren, wenn private Goldbestände konfisziert würden. Derzeit sind sie zudem immer noch extrem billig. Und zuletzt sind Goldminen-Aktien Call-Optionen auf in der Zukunft geförderte Unzen.

In den nächsten Kapiteln beschäftige ich mich mit einigen unserer Investitionen, unter anderem mit einer, die ein großer Fehler war ...

KAPITEL 6
ZWEI INVESTITIONEN IM STIL VON BENJAMIN GRAHAM: DIE BANK FÜR INTERNATIONALEN ZAHLUNGSAUSGLEICH UND DIE KOHLER CORP.

Als ich Anfang der 1960er-Jahre in Paris arbeitete, hörte ich, dass manche Europäer im Zweiten Weltkrieg ihr Geld geschützt und zusätzlich eine gute Dividende eingestrichen hätten, indem sie Aktien der Bank für Internationalen Zahlungsausgleich (BIZ) hielten. Im Jahr 1982 dann stieß ich auf einen Artikel über die BIZ von Jim Grant in seinem I*nterest Rate Observer*, einer exzellenten zweiwöchentlich erscheinenden Publikation. Also besorgte ich mir die Geschäftsberichte der BIZ.

WAS IST DIE BIZ?

Um es mit ihren eigenen Worten zu sagen: Die Mission der BIZ besteht darin, Zentralbanken in ihrem Streben nach Währungs- und Finanzstabilität zu unterstützen (...) und als Bank der Zentralbanken zu dienen. Unter anderem verfolgt sie diese Mission, indem sie:

- als primäre Gegenpartei für die Finanztransaktionen von Zentralbanken zur Verfügung steht
- bei internationalen Finanzoperationen als Agent oder Treuhänder auftritt.

Die Kunden der BIZ sind Zentralbanken und internationale Organisationen, sie nimmt keine Einlagen von Privatpersonen oder Unternehmen entgegen und bietet auch keine Finanzdienstleistungen für sie an. Ein Beispiel für die Aktivitäten der BIZ war die finanzielle Unterstützung für Brasilien im Jahr 1998, für die eine vollständige Garantie von einer Gruppe von Zentralbanken bestand.

Geschaffen wurde die BIZ im Jahr 1930, um nach dem Ersten Weltkrieg die im Versailler Vertrag festgelegten Reparationszahlungen Deutschlands abzuwickeln. Die Gründer waren die Zentralbanken vieler Industrienationen sowie drei führende US-Geschäftsbanken. Jeder davon kaufte jeweils 16.000 Aktien. Die deutschen Reparationszahlungen endeten 1932, aber Bürokratien sterben nie – sie finden einfach eine neue »Mission«.

Der US-Senat, in dem damals viele Isolationisten saßen, weigerte sich offenbar, sich an einer solchen multinationalen Organisation zu beteiligen. Entsprechend nahmen die USA nicht an der Erstzeichnung des Kapitals teil und die amerikanische Tranche wurde an die Öffentlichkeit verkauft. Die Aktie wurde dünn im außerbörslichen Handel in Basel gehandelt, wo die Bank ihren Hauptsitz hat. Unser Fonds begann im Jahr 1982 damit, sie zu kaufen, und wurde mit der Zeit zum größten Aktionär abgesehen von den Zentralbanken. Mehrere Jahre lang ließ ich stehende Kaufaufträge bei Brokern offen. Mal bekamen wir ein paar Aktien am Tag, manchmal mehr. Die Broker hassten mich für all den Papierkram, den ich ihnen damit aufhalste.

WARUM HABEN WIR DIESE BIZARRE AKTIE GEKAUFT?

Wir betrachteten die Aktie als eine Mischung aus Geldmarktfonds und Investition in Gold. Ersteres, weil ungefähr 90 % der BIZ-Vermögenswerte und -Verbindlichkeiten innerhalb eines Jahres fällig wurden (im Prinzip lieh sich die Bank – zu einem Marktzins – Geld bei Zentralbanken und verlieh es zu einem geringen Aufschlag weiter an große Geschäftsbanken). Letzteres, weil die BIZ an den Goldbarren festhielt, die Teil ihrer anfänglichen Ausstattung mit Kapital gewesen waren. Nach einigen Anpassungen zur Berücksichtigung des aktuellen Marktpreises von Gold und der Tatsache, dass eine bedeutende Rückstellung für ein nicht existentes Risiko vorgenommen worden und deshalb Eigenkapital war, betrug der – konservativ ermittelte – Abschlag der Aktie zum Nettoinventarwert oft 40–50%, manchmal sogar 60 %. Der laufende Ertrag (in Schweizer Franken) war attraktiv. Nur wenige Anleger schienen sich mit der BIZ beschäftigt zu haben. Und es gab hartnäckige Verkäufe vonseiten der Nachkommen (der Aktionäre aus der Zeit des Zweiten Weltkriegs), die an den Aktien einer multinationalen Institution nicht interessiert waren und den Reiz der Aktie als langfristige Investition nicht erkannten (Benjamin Graham hatte zu dieser Zeit, wenn überhaupt, nur wenige Anhänger in Europa).

DIE BIZ VERSUCHT, UNS ZUM FALSCHEN PREIS HERAUSZUKAUFEN ...

Nach der Jahrhundertwende beschloss die BIZ, die Nichtzentralbanken unter ihren Aktionären herauszukaufen. Entweder hatte sie genug davon, dass wir sie ständig aufforderten, keineswegs ihre Goldbarren zu verkaufen (zu dieser Zeit trennten sich viele Zentralbanker bei fallenden Preisen von Goldbeständen – sie sind schließlich Bürokraten), oder sie sah sich – in einer Zeit, in der sowohl die Weltbank als auch der Internationale Währungsfonds (IWF) relativ diskreditiert waren – als die potenziell wichtigste multinationale Finanzorganisation und somit in der Pflicht, Finanzkrisen zu verhindern und (oder) zu beenden. Bis zu dieser Zeit war die BIZ-Aktie eine der zehn größten Positionen des First Eagle Global Fund geworden und machte 7 % des Vermögens im First Eagle Gold Fund aus.

Die BIZ bot das Doppelte des damaligen Marktpreises, aber wir waren nicht zufrieden damit. Auf der Grundlage von zusätzlichen Informationen der Bank berechneten wir, dass der Nettoinventarwert (auf statischer Basis) das Vierfache des Aktienkurses betrug, also das Doppelte des gebotenen Preises. Dem Fachaufsatz (zusammengestellt von der Gesellschaft Arthur Anderson, die ein Jahr später verschwand, und von JP Morgan Frankreich), mit dem der Angebotspreis gerechtfertigt wurde, schenkten wir keine Beachtung. Er basierte auf dem abgezinsten Cashflow, mit dem wir bei unseren Analysen von Unternehmen niemals arbeiten.

Mein damaliger Kollege Charles de Vaulx flog nach Brüssel, wo arrogante Bürokraten und ein Partner bei einer bekannten amerikanischen Kanzlei, von der sich die BIZ vertreten ließ, ihm und unseren Rechtsanwälten einen recht unfreundlichen Empfang bereiteten. Das Angebot sei final, sagten sie, und »wir sehen uns vor Gericht«.

WIR VERKLAGEN DIE BIZ, UND DIE RECHTSPROFESSOREN ERWEISEN SICH ALS INTELLEKTUELL EHRLICH

Also verklagten wir die BIZ vor dem Hague Arbitral Tribunal, wie es in ihren Statuten vorgesehen ist. Es gab noch einen weiteren Fonds mit einer relativ großen Position in BIZ-Aktien. Anfangs schien er bereit, sich unserer Klage anzuschließen, später aber weigerte er sich (ich vermute, dass die Chefs des Finanzinstituts »weiter oben« nicht Alan Greenspan verärgern wollten, der als Vorsitzender der Fed zugleich Verwaltungsratsmitglied der BIZ war). Viele Leute sagten zu mir, gegen die BIZ würden wir nicht gewinnen können: Die Richter in Den Haag seien von den Chefs großer Zentralbanken ausgewählte Rechtsprofessoren – wie wahrscheinlich sei es, dass diese Richter gegen die Bank entscheiden würden, wo doch die Chefs der Zentralbanken in ihrem Verwaltungsrat sitzen? Doch es gibt so etwas wie intellektuelle Redlichkeit unter guten Akademikern: Sie suchen schließlich nach der Wahrheit. Am Ende bekamen wir nicht wie verlangt den vierfachen Aktienkurs, aber den dreifachen, also 50 % mehr, als die BIZ angeboten hatte. Die Entscheidung war final, also nahmen wir das Geld. Wir waren zufrieden.

Lobend erwähnen möchte ich hier meinen damaligen Arbeitgeber Arnhold and S. Bleichroeder, der uns erlaubte, eine bedeutende multinationale Finanzorganisation zu verklagen, in deren Verwaltungsrat Alan Greenspan saß. Ich regte an, mit unserer Vertretung Charlie Munger, der in einer Kanzlei in Los Angeles arbeitete (und der Partner von Warren Buffett ist), zu beauftragen. Arnhold and S. Bleichroeder wollte dann lieber eine etablierte Kanzlei. Die französische Bank Société Générale als mein früherer Arbeitgeber aber hätte uns mit großer Wahrscheinlichkeit gar nicht klagen lassen. Ab und zu treffe ich immer noch frühere Inhaber der BIZ-Aktie, die sich sehr dankbar für unsere Bemühungen zeigen, von denen auch sie profitiert haben. Allerdings ist der Goldpreis heute fast dreimal so hoch wie 2001, als wir den Nettoinventarwert auf 20.000 Dollar schätzten. Doch das Einreichen der Aktien war ja obligatorisch, nicht optional ...

WIR SIND KEINE »AKTIVISTISCHEN« ANLEGER

Wir drängen Unternehmensführungen niemals dazu, in der Hoffnung auf einen kurzfristigen Schub für den Aktienkurs irgendwelches Finanz-Engineering zu betreiben. Wir sind »sanfte Seelen«. Doch wenn wir es irgend verhindern können, lassen wir nicht zu, dass wir (und unsere Anteilseigner) als Minderheitsaktionäre auf unberechtigte und krasse Weise ausgenutzt werden.

EINIGUNG MIT HERBERT KOHLER

Vor der BIZ hatten wir, im Jahr 1998, Kohler Corp. verklagt, den damals führenden Hersteller von Küchen- und Badarmaturen mit 25 % Marktanteil in den USA und einem Vorsteuergewinn von 157 Millionen Dollar bei Umsätzen von 2,2 Milliarden Dollar im Jahr 1997. Als unsere Fonds noch klein waren, waren wir offen für Käufe von Aktien aus dem Marktsegment »Pink Sheets«. Hier gab es entweder »Pennystocks«, die man nicht einmal mit einer langen Kneifzange anfassen wollte, oder Aktien großer, von Familien kontrollierten Unternehmen, von denen nur wenige an den Börsen gehandelt wurden.

Mitte der 1990er wurden uns einige Kohler-Aktien angeboten. Broker für die »Pink Sheets«-Aktien mochten uns, weil wir innerhalb von einem oder zwei Tagen Ja oder Nein sagten, nachdem wir die begrenzten öffentlichen Informationen durchgegangen waren, die für diese Art von Unternehmen verfügbar waren. Wir kauften die Kohler-Aktien, obwohl wir einen Nachteil sahen: Der Preis gefiel uns, aber sie waren sehr illiquide. Andererseits sind wir langfristig orientierte Anleger, also machten uns ein paar illiquide Positionen nicht viel aus. Bei Kohler hatten wir 80 Aktien, was uns zum größten Aktionär außerhalb der Familie machte – von den insgesamt 7.588 umlaufenden Aktien gehörten nur 300 nicht ihr. Im Jahr 1998 bot das Unternehmen dafür 55.400 Dollar pro Aktie. Wir – und einige andere Aktionäre – klagten mit der Begründung, der wahre Wert der Aktien betrage 273.000 Dollar pro Stück. Ein paar Tage vor dem angesetzten Prozessbeginn erklärte Kohler sich einverstanden, etwa das Dreifache des ursprünglichen Angebots zu bezahlen, also 165.000 Dollar. Das Unternehmen ist noch heute sehr erfolgreich, nicht nur in den USA, sondern weltweit – wahrscheinlich liegt der Wert pro Aktie inzwischen bei 1 Million Dollar (oder mehr). Immer wenn ich in einem guten Hotel übernachte, schaue ich im Badezimmer nach, und oft sind dort

Kohler-Produkte verbaut. Also wünschte ich, wir hätten die Aktie behalten können.

Wie Omar Musa mir erklärt hat, macht die Qualität des Geschäfts von Kohler das Unternehmen zu einer Investition im Stil von Warren Buffett, abgesehen von der extremen Illiquidität der Aktie. Aber wenn ich mich recht erinnere (wir haben bei einem Umzug viele Akten verloren), basierte unsere Bewertung von 273.000 Dollar pro Aktie auf einem Verhältnis von Unternehmenswert zum EBIT von etwa 10, und wir hatten sie ungefähr bei Faktor 3 gekauft. Das war der Graham-Aspekt an dieser Investition.

KAPITEL 7
EINE INVESTITION IM STIL VON WARREN BUFFETT: DER SCHOKOLADEN-HERSTELLER LINDT & SPRÜNGLI

Ich mag Lindt-Schokolade, seit ich ein kleiner Junge in einer kleinen Stadt in Frankreich war. Noch heute esse ich viel davon, aber ich mag lieber die Tafeln als die Pralinen in aufwendigen Verpackungen, die für das Unternehmen profitabler sind.

Im Jahr 1991 stieß ich auf eine Broker-Studie, die dazu riet, die Aktie zu verkaufen, weil das Unternehmen kaum Wachstumschancen habe und ständige Wechsel im Management dem Geschäft schadeten. Die Aktie, die seit 1986 an der Schweizer Börse notierte, war von einem um Splits bereinigten Kurs von rund 3.800 Schweizer Franken im Jahr 1989 auf rund 2.500 Ende 1991 gefallen.

Der Verkauf von Marken-Schokolade ist ein sehr gutes Geschäft mit stetigem Umsatzwachstum, hohen operativen Margen und starkem freiem Cashflow. Volumenwachstum gibt es, weil der jährliche Schokoladen-Konsum in den Industrienationen ungefähr im selben Tempo zulegt wie die Gesamtwirtschaft; zusätzlich lassen höhere Einkommen in den Schwellenländern die Nachfrage steigen. Außerdem erhöhen die Hersteller regelmäßig ihre Preise, weil nur wenige von ihnen global tätig sind, sodass wenig Wettbewerbsdruck besteht. Neueinsteiger in dem Geschäft bringen meist Nischen-Luxusprodukte heraus, sodass sie keine Größenvorteile bei Produktion und Vertrieb nutzen können. Ihre Preise liegen deutlich höher, also konkurrieren sie nicht mit den Massenmarkt-Produkten von Nestlé, Mars, Cadbury oder Lindt.

Gut geführte Unternehmen, die Marken-Schokolade herstellen, sind üblicherweise in der Lage, ihre Preise ungefähr alle zwei Jahre um 2 bis 4 % zu erhöhen, vor allem, wenn die Preise für ihre Zutaten Kakao, Milch und Nüsse steigen. Die Produktion dieser Rohstoffe ist größtenteils zyklisch. Also erfreuen sich Hersteller wie Lindt, die ihre Preise nicht senken, noch höherer Margen, wenn zu viel Kakao und Milch produziert werden, weil der Preis dafür dann nachgibt. Außerdem ist der Aufbau einer neuen Marke (wie übrigens auch bei den meisten anderen Lebensmitteln) bei Schokolade sehr teuer und kann Jahrzehnte in Anspruch nehmen. Also muss man sich um seit Langem etablierte Lebensmittel-Marken nicht einmal besonders gut kümmern, um gute und stetige operative Gewinne zu erzielen. Lindt-Schokolade kann man in den USA bei Walmart.com für 2,50 Dollar die 110-Gramm-Tafel bestellen oder als Pralinen für 3,50 Dollar, die rund 140 Gramm wiegen. Sie ist also ein kleines und absolut gesehen nicht teures Luxusprodukt. Wie viel Lindt-Schokolade kann man für den Preis eines Basis-BMW der 1er-Reihe kaufen, der etwa 30.000 Dollar kostet? Mehr, als man im Leben essen kann.

Die Anfänge von Lindt & Sprüngli reichen zurück ins Jahr 1845, als David Sprüngli-Schwarz und sein Sohn Rudolf in ihrer kleinen Konditorei in Zürich feste Schokoladentafeln herstellten, womit sie etwas kopierten, das italienische Konditoren begonnen hatten. Im Jahr 1898 wurde aus dem Unternehmen eine Aktiengesellschaft mit einem gezeichneten Kapital von 1,5 Millionen Franken. Im Jahr darauf kaufte es die Berner Produktionsanlagen von Rodolphe Lindt, einer berühmten Konkurrenzmarke. Im Jahr 1919 machten Exporte 75 % des Umsatzes in Höhe von 10 Millionen Franken aus, 1925 wurde eine Tochtergesellschaft in New York gegründet. Bis 1961 stieg der Umsatz auf 100 Millionen Franken.

Mitte 1992 dann fiel die Aktie um 20 %, nachdem bekannt geworden war, dass Rudolph R. Sprüngli, der 72 Jahre alte Vorsitzende des Lindt-Verwaltungsrates und wichtigste Vertreter der Familien, denen

40 % der Aktien gehörten, am 31. Juli heimlich die 38 Jahre alte Alexandra Gantenbein geheiratet hatte – vier Monate, nachdem er nach 45 Jahren Ehe seine Frau verlassen hatte. Der Londoner *Independent* berichtete, Gantenbein sei »freiberufliche Predigerin, gelegentliches Mitglied der merkwürdigen amerikanischen Sekte I Am, Fotomodell, Kellnerin und außerordentliche soziale Aufsteigerin«, die sich auch in die Führung von Lindt einmische. Der Geschäftsführer des Unternehmens trat zurück – der vierte Wechsel in dieser Position innerhalb von sechs Jahren.

Durch meinen eigenen Konsum wusste ich, dass die Qualität der Lindt-Produkte trotz der Probleme im Management weiterhin exzellent war. Ebenso kannte ich den guten Ruf des Unternehmens und seinen guten Vertrieb in Europa, vor allem in Deutschland und Frankreich; seine wertvolle Marke war über Jahrzehnte aufgebaut worden und würde schwierig zu replizieren sein. Bei der Beschäftigung mit den Finanzberichten stellte ich fest, dass der Kursrückgang der Aktie zum Teil gerechtfertigt war. Die Umsätze stiegen kaum noch, und die operativen Gewinnmargen kamen langsam ins Rutschen.

Doch die Aktie kostete nur 2.500 Franken, ungefähr das Neunfache des Gewinns pro Aktie. Wenn Lindt einen nur einigermaßen kompetenten Manager holen konnte, war mit langfristigem Umsatzwachstum von 4 bis 5 % pro Jahr zu rechnen, denn die Schokoladen-Nachfrage in Westeuropa nahm ungefähr im selben Tempo zu wie das Bruttoinlandsprodukt, und regelmäßige Preiserhöhungen waren möglich. Der Lindt-Betriebsgewinn konnte damit problemlos um 6 bis 8 % pro Jahr steigen, weil höhere Umsätze die Gesamtkosten verringern würden. Außerdem überlegte ich, das Schlimmste, was dem Unternehmen passieren konnte, wäre gewesen, dass es wegen des Werts seiner Marke und seines Vertriebs in Europa übernommen wird. Es gab damals Medienberichte, laut denen mehrere Unternehmen großes Interesse an Lindt hatten, darunter Nestlé, Cadbury Schweppes und Hershey's. Also begann ich, Lindt-Aktien zu einem attraktiven Preis zu kaufen.

Im Jahr 1993 berief Rudolph Sprüngli, offenbar unter Druck der anderen Familienaktionäre und des Verwaltungsrates, für die Position des Geschäftsführers einen Manager namens Ernst Tanner. Der hatte zuvor 25 Jahre lang in Europa und den USA für den Konsumgüter-Riesen Johnson & Johnson gearbeitet, zuletzt als Company Group Chairman Europe.

Die Berufung Tanners hatte keine unmittelbaren Auswirkungen auf den Aktienkurs, der einige Jahre lang weitgehend unverändert blieb. Ich war geduldig und überprüfte in den halbjährlichen Finanzberichten, welche Maßnahmen Tanner ergriff, um das Unternehmen zu optimieren und wachsen zu lassen. Der neue Chef konzentrierte sich darauf, Premium-Schokolade von gleichbleibender Qualität herzustellen, modernisierte die Produktion und stärkte Marketing und Vertrieb in Europa. Außerdem ging er das bedeutende Wagnis ein, in die US-Märkte zu expandieren, unter anderem mit der Eröffnung von Filialen, mit denen er die Amerikaner mit dem etwas anderen Geschmack von Schweizer Schokolade vertraut machen wollte. Mir wurde klar, dass es eine Weile dauern würde, bis sich diese Veränderungen positiv in den Finanzberichten bemerkbar machten.

Von 1993 bis 2012 investierte Tanner 2,5 Milliarden Franken in die Verbesserung von Produktion und Logistik sowie in die Marke und globale Expansion. Er tätigte drei wichtige Akquisitionen, darunter im Jahr 1998 Ghirardelli, eine führende US-Schokoladenmarke, gegründet 1849 von einem italienischer Einwanderer, der während des Goldrauschs in Kalifornien mit einem kleinen Laden Lebensmittel und Süßwaren an Goldgräber verkaufte. Die Schweiz, Deutschland und Frankreich machten 80 % der Lindt-Umsätze im Jahr 1992 aus, beim Gewinn war der Anteil ähnlich. In jenem Jahr betrug das operative Ergebnis der Unternehmens 67 Millionen Franken oder 8,6 % des Gesamtumsatzes von 800 Millionen Franken.

Tatsächlich brachten Tanners Maßnahmen stetiges Umsatzwachstum und steigende operative Margen. Bis 2014 nahm der Umsatz auf

3,39 Milliarden Franken zu, der operative Gewinn auf 474 Millionen Franken oder 14 % vom Umsatz. Das Nettoergebnis erhöhte sich von 1992 bis 2014 von 38 Millionen Franken auf 343 Millionen und als Anteil vom Umsatz von 4,8 % auf 10,1 %; die Eigenkapitalrendite belief sich im Jahr 2014 auf 18 %. Der Kurs der stimmberechtigten Aktien stieg von rund 2.500 Franken in 1992 auf rund 74.000 Franken im Dezember 2015. Der Gewinn pro Aktie für 2014 betrug 1.460 Franken, die Dividende 725 Franken. Die Marktkapitalisierung von Lindt erreichte mehr als 13 Milliarden Franken.

Für einen Value-Anleger, der sowohl quantitative als auch qualitative Aspekte analysiert, ist die größte Sorge, er könne glauben, eine Aktie mit langfristigem Gewinnwachstum im Stil von Warren Buffett gefunden zu haben, die sich dann aber als Zigarrenstummel nach Benjamin Graham oder Schlimmeres herausstellt. Lindt begann als Graham-Aktie, entwickelte sich dann aber zur Buffett-Aktie (ab und zu hat man einfach Glück ...). Der globale Schokoladen-Konsum nahm von 5,8 Millionen Tonnen im Jahr 1999 auf 7,5 Millionen Tonnen in 2014 zu.

Zwischenzeitlich wurde die Lindt-Aktie ausgesprochen teuer, zum Beispiel im Jahr 2007, als die stimmberechtigten Aktien auf bis zu 45.000 Franken stiegen, was dem 40-Fachen des geschätzten Gewinns pro Aktie 2008 entsprach. Ich fragte mich, ob ich einen Teil oder alle Aktien verkaufen sollte. Doch nachdem sie im März 2009 auf ungefähr 19.000 Franken gefallen war, hat die Aktie den Höhepunkt des Jahres 2007 inzwischen wieder überschritten. In den Jahren 2011 und 2012 kaufte das Unternehmen für 327 Millionen Franken 5 % seiner Aktien und 2014 noch einmal 5 % zurück. Tanner ist weiterhin sein CEO.

Die Dividendenrendite von Lindt beträgt 1,2 %, was einer Rendite von 25 % auf den von mir bezahlten Kaufkurs entspricht. Selbst unter der Annahme, dass ich die in den frühen 1990er-Jahren gekauften Aktien 2008 verkauft hätte, gibt es nur wenige Investitionen, die Jahr für Jahr eine Gesamtrendite von 25 % liefern. Außerdem hätten wir bei einem Verkauf der Aktien Kapitalertragssteuer bezahlen müssen. Und ich wäre das Risiko eingegangen, sie später nicht mehr billiger zurückkaufen zu können.

Dies wirft eine entscheidende Frage in Zusammenhang mit der Methode von Warren Buffett auf: Sollte eine Aktie systematisch verkauft werden, wenn ihr Kurs den inneren Wert übersteigt? Meine Antwort darauf lautet: Es kommt darauf an. Nur sehr wenige Unternehmen haben wie Lindt einen starken Wettbewerbsvorteil, stabile und wachsende profitable Geschäftsbereiche und einen hohen freien Cashflow – solche Aktien sollte man nicht verkaufen, wenn sie leicht oder moderat überbewertet sind. Bei einer extremen Überbewertung aber kann man durchaus einen Teil seines Bestandes abgeben.

Für die Zukunft hat Lindt noch reichlich Wachstumspotenzial auf großen Märkten wie Japan, China, Indien und Lateinamerika, die zusammen bislang nur 7 % des Umsatzes ausmachen. Für den globalen Schokoladen-Konsum wird erwartet, dass er bis 2020 um rund 12 % auf 8,5 Millionen Tonnen steigen wird. Allerdings ist die Lindt-Aktie teuer: Sie wird mit einem Verhältnis von Unternehmenswert zum EBIT 2016 von 25 gehandelt.

KAPITEL 8
SHIMANO ODER CORPORATE JAPAN IN BESTFORM

Als professionelle Anleger geben wir Aufträge – für den Kauf oder Verkauf von Wertpapieren – an Brokerfirmen. Diese liefern uns Research-Berichte, die von sehr wenig Nutzen für uns sind, weil unser Zeithorizont fünf Jahre oder mehr beträgt, nicht sechs bis zwölf Monate. Also habe ich, anders als die meisten Vermögensverwalter, die den Großteil ihrer Geschäfte über nur wenige ausgewählte Broker abwickeln, sehr wenige Aufträge an eine sehr große Zahl von ihnen vergeben. Denn ich wollte ihre Berichte durchgehen und auf dieser Grundlage entscheiden können, ob wir uns ein Unternehmen – in Eigenregie – näher ansehen sollten.

So kam es, dass ich Mitte der 1990er-Jahre auf einen Bericht über Shimano stieß, geschrieben von einer kleinen japanischen Brokerfirma. Shimano ist der größte Hersteller von Fahrrad-Bauteilen weltweit: Schaltungen, Räder, Ketten, Bremsen, Pedale ... Bei alldem handelt es sich um hoch entwickelte Produkte, die Amateur-Fahrern Sicherheit, Zuverlässigkeit und Geschwindigkeit bieten. Das Unternehmen produziert keine Rahmen, bei denen es sich zumeist um ein Massengeschäft handelt, und verkauft seine Bauteile an große Fahrrad-Hersteller wie Giant in Taiwan. Der Name Shimano ist bei den Endkunden bekannt. Vor einigen Jahren, so weiß man, fragten deutsche Kunden in Fahrrad-Geschäften gern nach »Ultegra«-Rädern – Ultegra war der Name der mittleren Komponenten-Linie von Shimano. Heute ist Shimanos »Nexus«-Familie der globale Standard für Fahrrad-Bauteile in der mittleren Preisklasse.

Wichtige Konkurrenten von Shimano sind SRAM aus den USA und Campagnolo aus Italien. Manche Leute sagen, die Stärke von Shimano liege in der Technik (hauptsächlich der Kaltschmiede-Prozess; außerdem hat das Unternehmen viele Patente, während SRAM bislang keine elektronische Schaltung anbietet) und die von SRAM im Marketing. Trotzdem steigert Shimano seinen Marktanteil weiter und ist heute klar dominierend auf seinem Gebiet. Das Unternehmen pflegt einen fairen Umgang mit den Herstellern: Zum Beispiel zwingt es sie nicht, andere Produktlinien zu kaufen, damit sie seine Highend-Produkte bekommen. Campagnolo ist inzwischen deutlich kleiner als die anderen beiden. Bei Mountainbikes ist dieses Unternehmen gar nicht aktiv, und ansonsten spezialisiert es sich auf besonders hochwertige Komponenten.

Shimano bezieht mehr als die Hälfte seiner Ware aus dem Ausland: aus Singapur, Malaysia, China, den Philippinen und der Tschechischen Republik. In Japan hergestellte Teile werden in Yen verkauft, die aus dem Ausland in Dollar. Fast 90 % der Umsätze fallen ebenfalls im Ausland an. Der mit Abstand wichtigste Markt ist (mit gut 50 % der Gesamtverkäufe) Europa, vor allem Deutschland und die Niederlande (wo Fahrräder für den Weg zur Arbeit benutzt werden), gefolgt von den USA und Japan; andere Märkte haben ihr Volumen innerhalb von zehn Jahren allerdings vervierfacht. China macht inzwischen 7 % des Umsatzes aus. Das Geschäft von Shimano war in der Vergangenheit relativ zyklisch. Im Jahr 2009 zum Beispiel ging der Gesamtumsatz um 20 % zurück. Mich aber hat das nie gestört, denn ich suche Unternehmen mit guten langfristigen Aussichten. Erstens ist konsistentes Gewinnwachstun manchmal das Ergebnis von Zahlen-Manipulationen durch das Management (in den 1990er-Jahren gab es viele solcher Fälle), denn die Welt der Wirtschaft zeichnet sich normalerweise eben nicht durch Konsistenz aus – manche Jahre sind einfach besser als andere. Zweitens bringen gelegentliche Zyklen für Value-Anleger Chancen, in einem schlechten Jahr billig zu kaufen oder in einem guten Jahr teuer zu verkaufen.

Neben Fahrrad-Teilen produziert Shimano auch Ruten und Rollen zum Angeln, bei denen ebenfalls der Kaltschmiede-Prozess zum Einsatz kommt. Dieser Bereich macht 20 % der Umsätze aus, ist aber deutlich weniger profitabel als das Fahrrad-Geschäft: zu viele Produktlinien, zu viel manuelle Produktion.

Das Jahr 2014 war für Shimano ein sehr gutes – der Umsatz stieg um 20 %, das operative Ergebnis um 45 %. Eine enorme Chance scheinen die Schwellenländer zu sein, wo viele auf hochwertigere Fahrräder umsteigen. In Industrienationen wiederum ist Fahrradfahren auch außerhalb von Deutschland und den Niederlanden populär geworden. Inzwischen gibt es offizielle Radwege in Paris, London und New York, den drei wichtigsten Städten der westlichen Welt. Und offen gestanden: Wenn man Frankreich oder Italien (oder ein anderes Land) entdecken will, gibt es eine bessere Möglichkeit als das Fahrrad? Im Auto oder im Zug ist man zu schnell, zu Fuß zu langsam. Und man kann einen Lieferwagen hinterherfahren lassen, falls man müde wird …

Bei der Anlagekonferenz von Jim Grant im Frühjahr 2009 habe ich einen Vortrag gehalten, in dem ich mich positiv über einige japanische Aktien (Shimano, aber auch SMC, Fanuc, Canon und Astellas) äußerte. Die Shimano-Aktie ist seitdem um das 3,5-Fache gestiegen. Damals war sie zu einem Abschlag von mehr als 30 % gegenüber dem inneren Wert zu haben, den unser Analyst Alan Barr auf 4.540 Yen berechnet hatte.

Bis 2006 kaufte Shimano sehr aktiv eigene Aktien zurück und zog innerhalb von vier Jahren fast jede dritte davon ein. Dann wurden die Rückkäufe deutlich weniger, vor allem nach dem Jahr 2001, als die Aktie rapide stieg. Jedoch verdreifachte sich die Dividende pro Aktie von 35 Yen im Jahr 2006 auf 105 Yen in 2014 und 155 Yen im Jahr darauf. Weil das Geschäft an sich sehr profitabel und nicht sehr kapitalintensiv ist, sieht die Bilanz des Unternehmens extrem robust aus: Eigenkapital macht 80 % ihres Gesamtvolumens aus, und die Nettoliquidität beträgt fast 130 Milliarden Yen. 2012 stiegen die Aktien um 48 %, 2013 um 80 % und 2014 um 67 %. Also sind sie heute mit einem Verhältnis von Unternehmenswert zu EBIT 2015 von 17 teuer. Nach einem hervorragenden Jahr 2015 ist das Management auch für 2016 relativ optimistisch, weil neue Produkte herauskommen und der Marktanteil gesteigert werden soll.

Der Marktanteil von Elektrofahrrädern ist in den vergangenen zehn Jahren von null auf 4 bis 5 % gestiegen. In Europa werden sie für 2.000 bis 2.500 Euro verkauft, und jedes dieser Fahrräder besteht zu 20 bis 30 % aus Komponenten von Shimano.

Mitte März 2016 wurde die Shimano-Aktie bei 17.789 Yen gehandelt, was bedeutet, dass die Rückkäufe zwischen 2001 und 2010 zu den damals viel niedrigeren Kursen den inneren Wert der verbleibenden umlaufenden Aktien deutlich gesteigert haben. Das ist genau, was der Arzt verschrieben hat, und steht in scharfem Kontrast zu den Aktienrückkäufen zum oder nahe am Höchstkurs (auf häufig enorm überbewerteten Niveaus), die so viele amerikanische Unternehmen 2014, 2015 und im bisherigen Verlauf von 2016 vorgenommen haben.

Heute scheint sich die Aktie von Shimano in gewissem Maß in den Händen von »Momentum«-Händlern und ihren Algorithmen zu befinden.

Selbst nachdem First Eagle einige Gewinne mitgenommen hat, zeigen Daten von Bloomberg mit Stand Mitte August 2016, dass die Gesellschaft mit 4,6 Millionen Aktien, entsprechend fast 5 % der umlaufenden Aktien oder rund 685 Millionen Dollar, weiterhin der drittgrößte Anteilseigner von Shimano ist.

Jahr	Rückkauf (Mio. Yen)	Rückkauf (Zahl)	Durchschnitts-preis pro Aktie (Yen)	umlaufende Aktien (Jahresende)
2010	4551	1.135.000	4010	93.768.000
2009	3586	1.001.000	3582	
2008	298	65.000	4585	
2007	3816	1.019.000	3745	
2006	20.003	5.727.000	3493	
2005	19.567	6.201.000	3155	
2004	31.043	12.478.720	2488	
2003	20.535	11.177.217	1837	
2002	4461	2.531.942	1762	
2001				134.953.000

Aktienrückkäufe bei Shimano

KAPITEL 9
SHAW BROTHERS, EIN UNTERNEHMEN AUS HONGKONG

Ich war immer auf der Suche nach Holdinggesellschaften, die Anteile an mehreren Unternehmen halten und deren Management entscheidet, wann diese Beteiligungen gekauft oder verkauft werden. Solche Aktien können eine sehr interessante Investition sein, wenn man die Holding zu einem hohen Abschlag gegenüber ihrem Nettoinventarwert kaufen kann und wenn das Management kompetent ist und selbst viele Aktien hält, sodass seine Interessen mit denen der übrigen Aktionäre übereinstimmen. Diese Aktien haben eine gewisse Ähnlichkeit mit geschlossenen Fonds, die gute Vermögenswerte halten, von guten Managern verwaltet und zu hohen Abschlägen gehandelt werden. Wer in solche Konstrukte investiert, kann sich einen doppelten Vorteil verschaffen: Der Abschlag kann sich verringern, weil der Aktienkurs schneller steigen kann als der Nettoinventarwert, und darüber hinaus kann der Nettoinventarwert durch Wertsteigerungen bei den Beteiligungen zunehmen.

Durch die Kurzstudie eines Brokers wurde ich im Jahr 1986 auf das Unternehmen Shaw Brothers aufmerksam, das an der Hong Kong Stock Exchange notiert war. Der wichtigste Vermögenswert dieser Holdinggesellschaft war eine Beteiligung von etwa einem Drittel an TVB, einem Anbieter von terrestrischem Free-TV mit eigenen Kanälen in englischer und chinesischer Sprache und einem Zuschauer-Marktanteil in Hongkong und Shenzhen, der nahe an Hongkong gelegenen Region in Festland-China, von mehr als 70 %. All das machte TVB zu einem sehr attraktiven Medium für Werbekunden mit operativen Margen von über 25 %.

Weitere Vermögenswerte im Besitz von Shaw Brothers waren eine Bibliothek mit mehr als 1.000 chinesischen Filmen, die größte ihrer Art, sowie Immobilien, die hauptsächlich ein Überbleibsel aus der Zeit waren, in der dem Unternehmen noch Kinos gehört hatten. In der Broker-Studie hieß es, Shaw werde durch den Verkauf von Immobilien kurzfristig gute Gewinne melden, ich aber fand vor allem die Beteiligung an TVB und andere Vermögenswerte faszinierend. Ich ging die Geschäftsberichte des Unternehmens durch und bereinigte die Zahlen darin um den Marktwert der TVB-Beteiligung. Dabei zeigte sich, dass Shaw zu einem Abschlag von rund 40 % zum Nettoinventarwert gehandelt wurde. Außerdem stellte ich fest, dass das Unternehmen in der Vergangenheit nach Verkäufen hohe Sonderdividenden an die Aktionäre ausgeschüttet hatte. Also schien das Management, geleitet von Sir Run Run Shaw, dem eine Kontrollmehrheit gehörte, recht aktionärsfreundlich zu sein.

Die Ursprünge von Shaw Brothers lassen sich bis ins Shanghai des Jahres 1924 zurückverfolgen. Der Vater hatte Run Run und dessen Bruder Run Me ihre englisch klingenden Namen offenbar als kleinen Scherz mit dem Familiennamen Shao gegeben, der sich ein wenig nach Rikscha anhörte. Die Brüder gaben das Textilgeschäft der Familie auf und begannen, Theaterstücke und Stummfilme zu produzieren. Im Jahr 1927 zogen sie, weil sie den Kämpfen zwischen Nationalisten und Kommunisten entgehen wollten, nach Singapur. Um selbst von dem hohen Umsatzanteil zu profitieren, der bei Film-Distributoren und -Vorführern landete, begannen sie, Kinos zu kaufen. In einem Nachruf der *New York Times* nach dem Tod von Run Run im Alter von 106 Jahren im Januar 2014 hieß es, die Kinos und die Technik der Brüder seien während der japanischen Besatzung Singapurs im Zweiten Weltkrieg konfisziert worden. Doch mit gut 4 Millionen Dollar in Gold, Juwelen und Bargeld, vergraben in ihrem Garten, konnten sie nach dem Krieg wieder ins Unterhaltungsgeschäft einsteigen.

Im Jahr 1959 zog Run Run nach Hongkong, dem wichtigsten Markt für chinesische Filme, und baute dort das damals weltgrößte Filmstudio in privatem Besitz auf. In jenem Jahr brach der Shaw-Film *The Kingdom and the Beauty* alle Kassenrekorde in Hongkong. 1962 dann war *The Magnificent Concubine* der Shaw-Brüder einer der drei Filme, die beim Filmfestival in Cannes mit dem Grand Prix Technique ausgezeichnet wurden. Der beständige Strom von Filmen aus den Shaw-Studios umfasste Melodramen, historische Epen, Kampf-Klassiker wie *The One-Armed Swordsman* und ab den späten 1960er-Jahren auch Kung-Fu-Filme wie *Five Fingers of Death*. Die Kampfkunst-Filme wurden von Kritikern verrissen, waren aber Hits beim Publikum. Wie es im Nachruf der *New York Times* heißt, antwortete Run Run Shaw auf die Frage nach seinen Lieblingsfilmen: »Am liebsten mag ich Filme, die Geld verdienen.«

In den 1970er-Jahren war Shaw die marktbeherrschende Gruppe für Produktion, Vertrieb und Aufführung von Filmen in Südostasien geworden; ihr gehörten mehr als 200 Kinos, darunter Flaggschiff-Häuser mit mehr als 1.000 Plätzen in Hongkong, und sie hatte Vertriebsvereinbarungen mit den Besitzern von 600 weiteren Kinos. In den USA wäre eine solche Strategie der vertikalen Integration kartellrechtlich verboten gewesen. Neben den eigenen Produktionen vertrieben und zeigten die Shaws in ihren südostasiatischen Kinos auch internationale Filme und investierten in eine Reihe von Co-Produktionen mit Hollywood. Im Jahr 1971 ging das Unternehmen an die Hong Kong Stock Exchange.

Wie beim alten System der Hollywoodstudios nahm Shaw Stars normalerweise für drei, fünf oder acht Jahre unter Vertrag. Die Schauspieler mussten sechs Tage pro Woche arbeiten, um die fabrikartige Produktion von Filmen zu ermöglichen, die das Studio betrieb – ungefähr alle zwölf Tage wurde ein neuer Film veröffentlicht. Außerdem kontrollierte Run Run auch die kreative Seite und fällte die endgültigen Entscheidungen bei Fragen wie Handlung, Drehbuch und

Besetzung. Aber er schaffte es nicht, potenzielle Superstars wie die Kung-Fu-Legende Bruce Lee und den Comedian Jackie Chan zu gewinnen. Im Jahr 1970 soll Lee 10.000 Dollar pro Film verlangt haben, doch Shaw bot ihm nur 2.000 Dollar. Stattdessen nahm ihn dann das konkurrierende Studio Golden Harvest, gegründet von einem früheren Shaw-Manager, unter Vertrag, laut Berichten für 7.500 Dollar und vollständige kreative Freiheit. 1978 konnte das Studio auch Jackie Chan gewinnen. Mit dem Erfolg seiner Filme, ermöglicht durch Lee und Chan, sollte Golden Harvest beim Ansehen als Filmproduzent Shaw Brothers bald den Rang ablaufen.

Im Jahr 1983 schlossen die Shaw-Brüder ihr Filmstudio in Hongkong, um sich auf TV-Produktionen und Rundfunk zu konzentrieren. Dies war ein geschickter Schachzug. Die Filmproduktion in Hongkong war mittlerweile dem Beispiel von Hollywood gefolgt und von teuren Stars und hohen Budgets dominiert – und vom Spielen mit dem Geld anderer Leute. Also war die Wahrscheinlichkeit, mit der Finanzierung eines Pakets solcher Filme insgesamt eine gute Rendite zu erzielen, selbst dann gering, wenn sich ein paar dieser Filme als Kassenschlager erwiesen. Auf der anderen Seite war die Shaw'sche Film-Bibliothek durch die vielen Produktionen der Vorjahre immer größer geworden – und Wiederaufführungen von zu 100 % abgeschriebenen Filmen konnten sehr profitabel sein. Zugleich ließen sich TV-Sendungen billiger produzieren als Blockbuster-Filme. Und weil die meisten davon Serien-Format hatten, lieferten sie schon dann einen kontinuierlichen Strom von Werbeeinnahmen, wenn sie nur einigermaßen populär wurden.

Schon zuvor, im Jahr 1972, hatte Run Run Television Broadcasts, kurz TVB, gegründet und kontrollierte damit bald 80 % des Marktes in Hongkong. Als dessen erster kommerzieller TV-Sender wurde TVB zum weltweit führenden Produzenten von TV-Programmen in chinesischer Sprache. Das Unternehmen wurde 1984 an der Hong Kong Stock Exchange notiert, und Shaw Brothers blieb mit seinem Anteil von 57 % der größte Aktionär.

Mitte der 1980er-Jahre begannen die Preise von Immobilien in Hongkong rapide zu steigen. Run Run nutzte die Gelegenheit und machte aus vielen der großen Shaw-Kinos und anderen Objekten lukrativere Gewerbeimmobilien. Daher rührten die Überlegungen zu den guten kurzfristigen Gewinnen bei Shaw Brothers, von denen ich in dem Broker-Bericht las, den ich 1986 bekam.

Andererseits wurde der Aktienmarkt in Hongkong zu dieser Zeit von Skandalen erschüttert – es gab Probleme mit Regulierung, Insider-Handel und falschen Bilanzen. Als ich mit einigen Brokern in Hongkong darüber sprach, vielleicht einige Aktien von Shaw Brothers zu kaufen, rieten sie mir, mich von diesem Markt fernhalten. Er sei dominiert von lokalen chinesischen Händlern oder Zockern. Ich ignorierte diese Warnungen. Es mochte in Hongkong Spekulanten geben, doch das Geschäft von Shaw Brothers war interessant und das Management im Großen und Ganzen aktionärsfreundlich. Also begann ich, die Aktie zu kaufen.

Diese Entscheidung hatte nichts damit zu tun, dass ich unbedingt in China investieren wollte. Tatsächlich halte ich nicht sehr viel von Anlagen in den Schwellenländern. Der Kollektivbegriff BRICS für die großen Länder **B**rasilien, **R**ussland, **I**ndien, **C**hina und **S**üdafrika ist nur eine clevere Marketing-Bezeichnung, die Investmentbanker erfunden haben – die Volkswirtschaften und die politischen und gesetzlichen Systeme in den BRICS-Staaten haben kaum etwas gemeinsam. Natürlich lassen steigende Bevölkerungszahlen und Einkommen in den Schwellenländern bedeutende Anlagegelegenheiten entstehen, aber nicht unbedingt an ihren lokalen Aktienmärkten. An den Börsen der meisten Schwellenländer wird manipuliert, damit die lokalen Akteure profitieren. Vorschriften für den Schutz von ausländischen Anlegern gibt es zumeist nur auf dem Papier, und juristische Bemühungen zum Schutz von Investitionen und Gewinnen sind teuer und können Jahre in Anspruch nehmen, wie Anleger am Markt für argentinische Staatsanleihen festgestellt haben. Außerdem werden Direktanleger in

Schwellenländern regelmäßig von massiven Krisen erwischt, etwa von der lateinamerikanischen Schuldenkrise der 1980er, der Abwertung des mexikanischen Peso 1994, der Krise in Thailand 1997 und in Russland 1998 sowie zuletzt von den Abwertungen in Brasilien und Indien im Jahr 2013.

Im Fall von Indien waren die Bilanzierungspraktiken mancher lokaler Unternehmen dubios, wobei auch westliche Aktienmärkte vor solchen Problemen nicht gefeit sind, wie die Bilanzskandale um Enron und WorldComm im Jahr 2002 zeigten. Die indischen Tochtergesellschaften von multinationalen Konzernen wie Unilever und Nestlé waren außerdem stets teuer und kosteten bisweilen mehr als den 45-fachen Gewinn pro Aktie. Bei First Eagle hatten wir ansehnliche Renditen mit einigen im Westen börsennotierten Unternehmen aus Schwellenländern erzielt, zum Beispiel mit dem chilenischen Kupferproduzenten Antofagasta, der 1988 an die Londoner Börse ging, und mit der Fresnillo Group, der seit 2008 in London notierten Edelmetallsparte von Industrias Peñoles aus Mexiko. Die Anlagethese in diesen Fällen bestand darin, die Aktie nahe an den Tiefpunkten der Rohstoffpreis-Zyklen zu kaufen und dann vom anschließenden Nachfrage-Boom bei knappem Angebot zu profitieren. Außerdem darf man bei einer Notierung in London erwarten, dass Finanz- und andere Daten korrekt gemeldet werden. Und im Rohstoff-Bereich ist es schwieriger, Unternehmens- und Branchendaten zu fälschen, weil es unabhängige Möglichkeiten zur Verifikation wie die Berichte der U.S. Geological Survey gibt.

Das Geschäft mit kommerziellem Fernsehen zeichnete sich in den 1980er- und 1990er-Jahren durch hohe Gewinnmargen und hohen Cashflow aus, und selbst in den USA ist es noch heute so, wenn man sich die Zahlen der TV-Unternehmen aus den Jahren 2012 und 2013 ansieht. Die Lizenzen zur Ausstrahlung von TV-Signalen wurden, auch in Hongkong, von den Regierungen billig und an eine begrenzte Zahl von Betreibern vergeben. Wenn man also einmal eine Lizenz für einen TV-Sender besaß, hatte man ein Geschäft mit nur wenigen Konkurrenten. Außerdem ist das TV-Geschäft nicht sehr kapitalintensiv, abgesehen von den anfänglichen Kosten für die Aufstellung von Sendeanlagen.

Im Fall von TVB kam noch der Vorteil hinzu, dass der im Jahr 1972 gestartete Sender die erste kommerzielle TV-Station in Hongkong war. Er hatte einen Kanal in englischer und einen in chinesischer Sprache. Neben eigenen Programmen strahlte TVB auch zwei bis drei Hollywood-Blockbuster pro Woche aus. Die Bevölkerungszahl im offiziellen Sendegebiet belief sich auf 7 Millionen, bevor Hongkong im Jahr 1997 wieder unter die Kontrolle Chinas gestellt wurde. Doch das Signal erreichte auch einen Großteil der 15 Millionen Menschen in der benachbarten chinesischen Region Shenzhen. Außerdem ist TVB in der Lage, die Preise für Werbung zu erhöhen, weil seine Kunden die wachsende und wohlhabender werdende Bevölkerung erreichen wollen.

Im Jahr 1998 startete TVB über Satellit den ersten Spielfilmkanal in Mandarin, der rund um die Uhr sendete. Im Jahr 2004 stieg das Unternehmen mit einigen Partnern in das Geschäftsfeld Satellitenausstrahlung ein. Schon 1993, offenbar nervös wegen der Konkurrenz durch Kabel- und Satellitensender, verkaufte Shaw Brothers einen Anteil von 22 % an TVB an die News Corp von Rupert Murdoch. Der verkaufte die Beteiligung im Jahr 1996 weiter an Robert Kuok, einen der reichsten Geschäftsleute Hongkongs, dem zuvor bereits 24 % von TVB gehört hatten. Im selben Jahr zwang Kuok Shaw, ihm seinen Anteil an TVE zu verkaufen, der TVB-Tochter für Verlage, Musik und Immobilien. Laut der *New York Times* war dies der erste Fall einer feindlichen Übernahme in Hongkong.

Der Wirtschaftlichkeit des TV-Geschäfts von TVB tat das keinen Abbruch. Im Jahr 2006 zum Beispiel verzeichnete das Unternehmen zwar einen Verlust von 163 Millionen Hongkong-Dollar aus dem Pay-TV-Geschäft, insgesamt aber einen Nettogewinn von 1,1 Milliarden Hongkong-Dollar bei einem Umsatz von 4,1 Milliarden. Es gibt nur sehr wenige Unternehmen mit Nettomargen von mehr als 25 %. Im Dezember 2008 kaufte Run Run Shaw die Minderheitsaktionäre heraus und nahm Shaw Brothers Ltd. von der Börse. Im Januar 2011 dann verkaufte das Unternehmen seinen Anteil von 32 % an TVB an eine Gruppe, an der auch die Private-Equity-Firma Providence Equity Partners aus den USA beteiligt war, laut Medienberichten für 1,3 Milliarden Dollar.

Obwohl Shaw eine billige, gute Aktie war, machte sie nur einen relativ kleinen Anteil im Portfolio aus, anders als die BIZ. Im Jahr 1999 zum Beispiel bestand das Gesamtvermögen des SoGen International Fund von 1,9 Milliarden Dollar zu 1 % aus Shaw Brothers, während der Anteil der BIZ 1,7 % betrug. Der Grund dafür war, dass für Shaw Hongkonger Recht galt. Dies bedeutete weniger Schutz für Minderheitsaktionäre, und tatsächlich hatte das Management einige Maßnahmen ergriffen, von denen Run Run Shaw profitierte, nicht aber die anderen Aktionäre. Außerdem war die BIZ einfacher zu verstehen. Der Worst-Case-Fall für die Bank bestand in einem schweren Einbruch des Goldpreises und war auf gewisse Weise schon eingepreist, weil die Aktien zu einem Abschlag von 50 % gegenüber dem Nettoinventarwert gehandelt wurden. Bei Shaw bestand das größte Risiko darin, dass die Minderheitsaktionäre zu einem hohen Abschlag gegenüber dem Nettoinventarwert herausgekauft würden, ohne echte Chance auf juristische Gegenwehr – und genau so kam es schließlich auch. Trotzdem lieferte Shaw Brothers dem Fonds über die 20 Jahre, in denen das Unternehmen im Portfolio war, jedes Jahr geschätzte 15 % Rendite.

KAPITEL 10
FEHLER BEI DER GELDANLAGE: SWISSAIR UND ANDERE LEKTIONEN

Anfang der 1990er-Jahre begann ich, die Aktie von Swissair zu kaufen, der nationalen Schweizer Fluggesellschaft. Sie kostete damals um die 200 Schweizer Franken, also weniger als den Nettoinventarwert, zu dem eine moderne Flugzeugflotte mit einem Durchschnittsalter unter fünf Jahren und Hotels der Marke Swissôtel in großen westlichen Städten gehörten, unter anderem auf der Park Avenue in New York. Swissair hatte, wie Japan Airlines und Lufthansa, einen guten Ruf, stand für Sicherheit, Service, Pünktlichkeit und gutes Essen. Aufgrund von Verlusten in den Jahren 1990 bis 1992 war die Swissair-Aktie auf ein Niveau gefallen, das sehr attraktiv erschien. Meiner Meinung nach waren die Verluste auf Einmal-Faktoren wie die Rezession 1990, den steilen Einbruch bei Reisen weltweit nach dem Ersten Golfkrieg im Dezember 1990 und die höheren Treibstoffkosten aufgrund des stark gestiegenen Ölpreises zurückzuführen.

Gegründet im Jahr 1931 nach der Fusion von zwei Fluggesellschaften mit Sitz in Zürich, konzentrierte sich Swissair mit einer Flotte von 13 Flugzeugen, die 20 Städte anflogen, 64 Beschäftigten und rund 10.000 Passagieren von Anfang an auf den Highend-Markt. Bis in die 1990er-Jahre hinein war auch die Bilanz des Unternehmens solide. Das Verhältnis von Fremd- zu Eigenkapital blieb stets unter 1, und stille Reserven sorgten dafür, dass der wahre Buchwert über dem ausgewiesenen lag, sodass Swissair den Spitznamen »die fliegende Schweizer Bank« bekam. Wie der Londoner *Economist* in einem Artikel aus dem Jahr 2001 festhielt, war Swissair bis Ende der 1990er »finanziell stabil. In vielerlei Hinsicht war das Unternehmen ein Mikrokosmos des Landes, dessen Flagge auf den Heckflossen seiner Flugzeuge prangte – solide, zuverlässig, ordentlich und erfolgreich. Wie das Schweizer Offiziersmesser war es ein Symbol für robuste Verlässlichkeit.«

Für das Jahr 1996 meldete Swissair ein operatives Ergebnis von 344 Millionen Schweizer Franken bei einem Umsatz von 8,2 Milliarden Franken und hatte rund 36.000 Beschäftigte. Die Schulden und Verbindlichkeiten beliefen sich auf 9,7 Milliarden Franken bei 2,1 Milliarden Franken Eigenkapital. Seinen Höchstwert erreichte der Betriebsgewinn im Jahr 1998 mit 700 Millionen Franken bei 11,3 Milliarden Franken Umsatz. Mitte 1998 stieg die Aktie auf einen neuen Rekordkurs von 500 Franken. Doch auch die Schulden und anderen Verbindlichkeiten stiegen rapide: Ende 1998 hatten sie 11,2 Milliarden Franken bei einem Eigenkapital von 3,6 Milliarden Franken erreicht. Ich ignorierte diese Zunahme der Schuldenlast, weil ich davon ausging, dass die unterbewerteten Vermögenswerte für den Fall von sinkenden Gewinnen eine Absicherung für Aktionäre bieten würden.

Zwischen Juni 1998 und November 1999 verfolgte das Management eine Expansionsstrategie mit dem Code-Namen »Project Hunter«, entworfen von der Beratungsfirma McKinsey. Das Ziel dabei war, die viertgrößte Fluggesellschaft in Europa zu werden, nach Lufthansa, British Airways und Air France. Unter dem neuen Namen SAirGroup gab Swissair 4,1 Milliarden Franken für Minderheitsbeteiligungen an nationalen Fluggesellschaften wie LOT Polish Airlines (38 %), Austrian Airlines (10 %) und Ukraine International Airways (6 %) aus und kaufte Anteile an regionalen Fluglinien, Charter- und sogar Frachtgesellschaften. Darüber hinaus expandierte das Unternehmen in viele anscheinend verwandte Geschäftsbereiche, zu denen neben den Hotels auch Flugzeugwartung und -reparatur, Bodenabfertigung von Flugzeugen, Informationstechnologie, Flugzeug-Leasing, Catering und Duty-Free-Shops an Flughäfen zählten. Als nicht verwandte Bereiche kamen noch Luftfotografie und sogar Landwirtschaft hinzu. Einmal kauften wir Aktien der türkischen Catering-Tochter von SAir und verdienten gutes Geld damit. Die Nebenaktivitäten, die rund 260 Unternehmen umfassten, machten im Jahr 2000 etwa die Hälfte der rund 79.000 Beschäftigten der SAirGroup aus. Der Kern des Swissair-Geschäfts bestand damals aus einer Flotte von 161 Flugzeugen, die 218 Städte anflogen und pro Jahr etwa 19 Millionen Passagiere beförderten.

Der finanzielle Kollaps der SAirGroup verlief so rasch wie die vorherige Expansion. Bis Mitte 2000 fiel die Aktie auf 300 Franken und rutschte dann schnell weiter ab auf 100 Franken im Juni 2001. Im Januar 2001 wurden die wichtigsten Manager ausgewechselt. An die Spitze kam Mario Corti, der Finanzchef des Lebensmittelkonzerns Nestlé. Im April 2001 gab Corti einen Verlust der SAirGroup von 2,9 Milliarden Franken bei einem Umsatz von 16,2 Milliarden Dollar im Geschäftsjahr 2000 bekannt. Das ursprüngliche Swissair-Geschäft war noch profitabel; der Verlust auf Konzernebene war hauptsächlich darauf zurückzuführen, dass das Unternehmen die Verluste seiner Minderheitsbeteiligungen an anderen Fluggesellschaften in der eigenen Bilanz konsolidierte. Der Anteil von SAir am Verlust von Sabena betrug in jenem Jahr 51 Millionen Franken, eine regionale Fluglinie steuerte 237 Millionen Franken Verlust bei und eine Charter-Gesellschaft 498 Millionen. Das vorherige Management hatten solche Verluste vor den Aktionären verborgen, indem es sie nicht mit in die Bilanz nahm.

Darüber hinaus war SAirGroup gezwungen, zusätzliche Verbindlichkeiten der Verlust machenden Minderheitsbeteiligungen auf sich zu nehmen, was die Schulden und sonstigen Verbindlichkeiten des Konzerns bis zum Ende des Geschäftsjahres 2000 auf 19,1 Milliarden Franken bei 1,2 Milliarden Franken Eigenkapital steigen ließ. Die Synergien, die man sich von den Akquisitionen erhofft hatte, blieben aus. Im Fall von Sabena gelang es Swissair nicht, Arbeitsreformen zur Erhöhung der Produktivität durchzusetzen, denn die Gewerkschaften bei der früheren staatlichen Fluggesellschaft Belgiens waren stark und wurden von Teilen der Regierung unterstützt.

Im April 2001 kündigte Corti einen Verkauf von Vermögenswerten an, mit dem die Schulden des Unternehmens um mindestens 3 Milliarden Franken reduziert werden sollten. Außerdem änderte er den Namen wieder zu Swissair und konzentrierte sich auf die Kern-Fluggesellschaft, ihren regionalen Ableger Crossair, die Catering-Tochter Gate Gourmet und den Einzelhandelsarm Nuance. Das Hotel-Geschäft wurde verkauft, das IT-Geschäft ging an die Deutsche Lufthansa, und der Bereich Eisenbahn-Catering wurde im Tausch gegen deren Flugzeug-Catering an die britische Compass Group abgegeben. Darüber hinaus plante Corti Job- und Kostenkürzungen, mit denen er pro Jahr 250 Millionen Franken an Betriebsausgaben einsparen wollte. Und wie der *Economist* trocken festhielt, feuerte er auch McKinsey (ich neige im Allgemeinen dazu, nicht in Unternehmen zu investieren, die – direkt oder indirekt – von ehemaligen oder noch aktiven Beratern geführt werden).

In Europa gab es Mitte der 1990er-Jahre ohne kleinere regionale Anbieter 28 Linienfluggesellschaften. In den USA, einem viel größeren Markt für Flugreisen, waren es nur sieben große. Mittelgroße Fluglinien wie Swissair oder Sabena hatten zusätzlich das Problem, dass sie weder groß genug waren, um Marktführer zu werden, noch klein genug, um in eine Nische zu passen. Das zweite Problem von Swissair und Sabena bestand darin, dass sie in Ländern mit hohen Kosten, hohen Löhnen und starken Gewerkschaften beheimatet waren.

Im Dezember 1992 lehnte die Schweizer Bevölkerung die Ratifizierung des Vertrags über den Europäischen Wirtschaftsraum ab. Eine Folge davon war, dass die Schweiz mit jedem einzelnen EU-Land bilateral neue Luftverkehrsabkommen aushandeln musste. Dadurch wurde die Fähigkeit von Swissair, diese EU-Märkte zu bedienen, erheblich eingeschränkt. Nachdem die Bildung einer Allianz mit der niederländischen KLM und zwei weiteren EU-Fluggesellschaften gescheitert war, kaufte Swissair im Dezember 1994 einen Anteil von 49,5 % an der belgischen Sabena, ungeachtet der Tatsache, dass diese Fluglinie in den vergangenen 40 Jahren nur einmal Gewinn gemacht hatte.

Die drei regionalen Fluggesellschaften in Frankreich, die SAir gekauft hatte, konnten gegen Air France und die französischen Hochgeschwindigkeitszüge nicht bestehen, und obendrein gab es bei ihnen starke Gewerkschaften. Als Nächstes misslang der Plan von SAir, Brüssel zu einem regionalen Zentrum für den Europa-Verkehr zu machen, denn europäische Passagiere blieben ihrer Vorliebe für Direktflüge treu. Corti beendete die Allianzen, die Swissair mit den regionalen französischen Gesellschaften geschlossen hatte, und stoppte so den Abfluss von fast 1 Milliarde Franken pro Jahr, mit dem sie bis dahin am Leben gehalten wurden. Am 15. Juni 2001 meldete Swissair, dass AOM-Air Liberté, eine Verlust machende französische Gruppe, an der Swissair eine Minderheitsbeteiligung hatte, Insolvenz angemeldet habe. Im Juli desselben Jahres vereinbarten Swissair und die belgische Regierung, zusammen die Besitzer von Sabena als der nationalen Fluggesellschaft Belgiens, weitere 430 Millionen Euro in das strauchelnde Unternehmen zu stecken. Mit der Einigung wurde eine Obergrenze für die Verpflichtungen von Swissair bei Sabena festgelegt.

Trotz dieser Vorgeschichte genehmigte der Verwaltungsrat von Swissair im September merkwürdigerweise die Entscheidung des Managements, 50 % der nationalen italienischen Fluggesellschaft Alitalia zu kaufen. Einige Monate später zog er diese Genehmigung zurück. Im nächsten Monat, also im Oktober 2001, meldete Swissair Insolvenz an – als erste nationale Fluggesellschaft Europas. Einen Monat darauf folgte die Insolvenz von Sabena. Auf der offiziellen Website des belgischen Unternehmens wird noch heute behauptet, Ursache für den Zusammenbruch sei die Investition von Swissair im Jahr 2001.

Swissair war eine sehr kleine Position im Fonds, die im Jahr 1999 nur 0,1 % seines Gesamtvermögens ausmachte. Bis Mitte 2001 war dieser Anteil aufgrund zusätzlicher Kursrückgänge der Aktie weiter gesunken und ich verkaufte die gesamte Position mit einem Verlust von ungefähr 80 %. Dass Swissair bald darauf Insolvenz anmeldete, war sehr unangenehm, denn es zeigte, dass meine Analyse vor dem

Kauf vollkommen falsch gewesen war. Außerdem hatte ich geglaubt, dass Schweizer und deutsche Unternehmen konservativ bilanzieren und die Werte ihrer Aktiva meist zu niedrig ansetzen. Im Zuge der Insolvenz stellte ich dann erstaunt fest, dass Swissair zusätzliche Schulden, die aufgrund von Verpflichtungen gegenüber nicht konsolidierten Tochtergesellschaften entstanden waren, nicht ausgewiesen hatte.

Die Lektion, die ich daraus gelernt habe: Wenn man auf Grundlage des Nettoinventarwerts investiert, sollte man bei der Bewertung der Aktiva lieber richtig liegen. Besonders wichtig ist das, wenn ein Unternehmen hohe Schulden hat. Denn wenn das Verhältnis von Schulden zu Eigenkapital 10 zu 1 beträgt, dann wird schon ein Rückgang von 10 % beim Wert der Aktiva das gesamte Eigenkapital auffressen. Also sind Schulden eine Waffe, die in zwei Richtungen schießt – sie können die Renditen einer Investition sowohl erhöhen als auch zunichtemachen. Am besten hält man sich von Unternehmen mit zu hohen Schulden einfach fern, erst recht, wenn sie auch noch in einem zyklischen Geschäft tätig sind.

Ohnehin sind Fluggesellschaften insgesamt langfristig meistens schlechte Geldanlagen. Sie verkaufen ein verderbliches Gut und sind sowohl kapital- als auch arbeitsintensiv; bei älteren Unternehmen kommen noch starke Gewerkschaften sowie hohe Kosten für Pensionen und andere Altersrückstellungen hinzu. Zudem besitzen oder subventionieren die meisten Länder nationale Fluggesellschaften, die oft aus Prestige- und anderen Gründen ihre Kapazität erhöhen und dabei nicht auf Profitabilität achten. Angesichts der Überkapazität tun sich selbst kleinere Anbieter in hochwertigen Nischenmärkten, die wohlhabende Reisende und Geschäftsreisende bedienen, schwer damit, deutlich höhere Preise zu verlangen als die großen Airlines.

Nach der Insolvenz-Anmeldung von Swissair trat das nationale Interesse auf den Plan. Um die wertvollen Landerechte der Fluggesellschaft in großen Städten ebenso zu retten wie die Arbeitsplätze, die Flugzeuge und anderes Vermögen von nationalem Interesse, stellten die Schweizer Bundesregierung, die Kantone und private Investoren wie UBS, Credit Suisse und große Schweizer Unternehmen 4,3 Milliarden Franken bereit, mit denen eine neue Airline namens Swiss Air Lines gegründet wurde. Doch auch das funktionierte nicht, und im Jahr 2005 übernahm die Deutsche Lufthansa die Mehrheit.

KAPITEL 11
LUXUSGÜTER: TAITTINGER, RICHEMONT, RÉMY COINTREAU, ESSILOR

Ich habe nie sehr dazu geneigt, in Luxusgüter-Hersteller zu investieren. Bei den meisten von ihnen spielt ein modisches Element mit hinein, das natürlich Unsicherheit mit sich bringt: »heute berühmt, morgen berüchtigt« ...

Auf der anderen Seite hat die hohe Zahl von neuerdings reichen Menschen, vor allem in großen Schwellenländern wie China, Indien, Russland und Brasilien, dafür gesorgt, dass der Appetit auf Luxusgüter weltweit zugenommen hat. Auch die Entstehung von potenziellen (oder tatsächlichen) Blasen auf unterschiedlichen Märkten (Anleihen, Aktien, Immobilien, Kunst) in den USA, Japan und jetzt auch in Europa durch die extrem lockere Geldpolitik nach der Finanzkrise 2008 hat dazu beigetragen.

Also habe ich durchaus in einige Luxusgüter-Hersteller investiert, darunter Taittinger, Richemont, Rémy Cointreau und Essilor.

TAITTINGER

Die Taittinger-Aktie habe ich in den 1980er-Jahren gekauft, obwohl das Unternehmen schlecht geführt zu sein schien. Aber es hatte viele Vermögenswerte – »so viele Aktiva, so wenig Gewinn« ... Dem Unternehmen gehörten mehrere große (und teure) Hotels, darunter das Crillon am Place de la Concorde in Paris, nahe der amerikanischen Botschaft –

ein unersetzlicher Vermögenswert. Und natürlich gab es das berühmte Champagner-Geschäft. Champagner ist ein Luxusgut, aber mit einem absolut gesehen niedrigen Preis: Wie viele Flaschen Champagner kann man trinken, bis man auf den Preis für einen BMW kommt? Wahrscheinlich mehr, als man in einem Menschenleben schafft. Außerdem ist die Produktion begrenzt, weil für Champagner nur Trauben aus einer speziellen Region in Frankreich verwendet werden dürfen. Konkurrenz gibt es durch Sekt aus Kalifornien, Prosecco aus Italien und Cava aus Spanien. Trotzdem lassen sich einige Hektar Weinberge in der Champagne durch fast nichts ersetzen.

Nach meinen Berechnungen war die Aktie zu einem sehr deutlichen Abschlag zum wahren Wert dieser Vermögenswerte abzüglich der Schulden zu haben. Nachdem ich sie für den Fonds gekauft hatte, bekam ich einen Anruf von dem aktivistischen Anleger Asher B. Edelman, der ebenfalls in Taittinger investiert hatte. Die Finanz-Community in Paris schien sich zu fragen, warum wir uns überhaupt damit beschäftigten: »Die Familie hat die Kontrolle über das Unternehmen, worauf hoffen die beiden dann?« Asher hatte die passende Antwort: »Wissen die Franzosen nicht, dass Familien sich nicht immer einig sind?« Trotzdem reichten seine Bemühungen sowie seine und unsere Aktien nicht aus, um die Familie aus dem Sattel zu heben. Immerhin konnte Asher seine Aktien zu einem sehr guten Preis an Baron Frère verkaufen, einen bedeutenden europäischen Finanzier. Taittinger wurde letztlich an Starwood Capital verkauft, und die Familie kaufte das Champagner-Geschäft von diesem Investor zurück.

Dank der guten Arbeit unseres Analysten Thibaut Pizenberg, der mich davon abhielt, zu früh zu verkaufen, machte unser Fonds mit Taittinger einen sehr hohen Gewinn.

RICHEMONT

Ein Beispiel dafür, wie wir uns in Richtung des Ansatzes von Warren Buffett bewegten, stammt aus den späten 1980er-Jahren. Damals verstärkten wir uns personell, und der Fonds kaufte Aktien von Richemont, einem Schweizer Unternehmen, das von einer südafrikanischen Familie kontrolliert wird. Zu den Luxusmarken von Richemont zählen der Juwelier Cartier (gegründet 1947 in Paris) und der Uhren-Hersteller Vacheron Constantin (gegründet 1755 in Genf). Wir kauften die Aktie beim Börsengang in Luxemburg im Jahr 1988, der bei anderen Anlegern nicht sehr gut ankam. Eigentlich steigen wir fast nie direkt beim Börsengang ein: Die meisten Unternehmen entschließen sich zu diesem Schritt, wenn das Geschäft seit einer Weile gut läuft, um eine hohe Bewertung zu erzielen. Außerdem spielen Wertpapier-Firmen (und auch »Anleger«, die ihre Aktien am nächsten Tag verkaufen) bei Börsengängen alle möglichen Spielchen. Richemont ist ein gutes Beispiel für eine Aktie, die ich nie hätte verkaufen sollen. Das Unternehmen ist in einem Geschäftsbereich – Luxusgüter – aktiv, in dem die Käufer oft nicht sehr auf den Preis achten. Leider hielt ich die Aktie ein paar Jahre lang, ihr Kurs stieg, und dadurch sah sie – zumindest vorübergehend – teuer aus. Also habe ich sie verkauft. Das war ein Fehler.

RÉMY COINTREAU

Vor vielen Jahren geriet dieses Unternehmen zeitweise in Schwierigkeiten, was die Folge von exzessiv hoher Verschuldung und bedeutender Verluste in Zusammenhang mit Währungsabsicherungen war. Das oberste Management wurde ausgetauscht. Der neue CEO, Madame Hériard Dubreuil, war ein Familienmitglied. Um die Schulden zu verringern, verkaufte sie rasch die Champagner-Marke Krug und ergriff noch andere Maßnahmen zur Stabilisierung des Unternehmens.

Wie so häufig reagierten die Anleger nur langsam darauf – ihre Erinnerung an die jüngsten Probleme war noch zu frisch. Ich beschloss, nicht zu warten. Hériard Dubreuil ist inzwischen nicht mehr CEO. Eine Zeit lang profitierte das Unternehmen erheblich von dem enormen Durst der Chinesen auf seinen teuersten Cognac (Louis XIII). Dann aber waren teure Geschenke – weil sie mit möglicher Korruption in Zusammenhang standen – plötzlich nicht mehr gefragt. Ich schaffe es nie, genau am Tiefpunkt zu kaufen und zum Höchstkurs wieder auszusteigen, aber diese Aktie haben wir günstig bekommen und zum größten Teil ziemlich gut verkauft.

ESSILOR

Das Unternehmen ist global führend bei Kontaktlinsen. In den Industrienationen gilt dieses Produkt nicht als Luxusgut, in Schwellenländern aber sehr wohl. Die Linsen von Essilor haben einen etwas höheren Preis, sind aber bekannt für ihre Qualität, was ein entscheidender Faktor ist, denn Menschen sind gern bereit, mehr auszugeben, um ihr Sehvermögen zu schützen und zu verbessern. Anders als viele Luxusgüter-Hersteller hat Essilor nur wenige Konkurrenten, die hinsichtlich Qualität, Größe und Vertrieb mithalten können; sein weltweiter Marktanteil beträgt 37 %. Tatsächlich hat Johnson & Johnson, ein Unternehmen mit sehr tiefen Taschen, vor vielen Jahren versucht, in diesem Geschäft Fuß zu fassen, und dann aufgegeben. Das japanische Unternehmen Hoya allerdings ist ein kleinerer, aber ernst zu nehmender Konkurrent, was für Essilor aber wahrscheinlich sogar gut ist, denn es sorgt dafür, dass das Management aufmerksam bleibt.

Ein Grund für den Erfolg von Essilor ist, dass einem Viertel seiner Beschäftigten 3 % der Aktien gehören. Schwellenländer machen mehr als 20 % des Umsatzes aus, und das Wachstumspotenzial ist aufgrund der wachsenden Mittelschicht in Indien und China erheblich.

Ich wünschte, ich hätte auch Hermès gekauft, ein Unternehmen, das seine Luxusmarke sorgfältig gepflegt hat, aber ich fand die Aktie immer zu teuer. Heute allerdings ist Hermès vielleicht der einzige börsennotierte Luxusgüter-Hersteller, der weiterhin auf wirklich hohe Qualität setzt. Wie das Leben eines Kunstsammlers ist auch das eines Anlegers voller verpasster Gelegenheiten ...

KAPITEL 12
FAZIT

EINE TREUHÄNDERISCHE VERPFLICHTUNG

Als ich im Januar 1979 Portfoliomanager des SoGen International Fund (jetzt First Eagle Global Fund) wurde, machte ich mir viele Gedanken über die Möglichkeit, dass ich – im Lauf der Zeit – das Geld der Anteilseigner des Fonds verlieren könnte. Publikumsfonds sind keine Hedgefonds. Manche unserer Anleger sind Institutionen oder wohlhabende Privatleute, die meisten aber sind Menschen aus der Mittelschicht. Ich will damit nicht sagen, dass es in Ordnung ist, das Geld von institutionellen Anlegern oder reichen Leuten zu vernichten. Das ist es natürlich nicht. Aber für die Mittelschicht geht es nicht um Spielgeld, sondern um ernsthaftes Geld – Geld, das für den Ruhestand oder die Ausbildung der Kinder gebraucht wird. Niemand kann sich leisten, diese Ersparnisse zu verlieren. Wenn ich (im Lauf der Zeit) das Geld unserer Anleger verloren hätte, wäre das Leben für sie schwieriger geworden. Ich hatte also eine treuhänderische Pflicht auf mich genommen, eine Last, die schwer auf meinen Schultern lag.

Also hatte ich am 1. Januar 1979, als ich die Verwaltung des SoGen International Fund mit damals 15 Millionen Dollar Volumen übernahm, zwei Ziele. Erstens und vor allem wollte ich – über einen Zeitraum, der lang genug ist, damit er als relevant gelten kann – besser abschneiden als ein Geldmarktfonds; schließlich setzte ich die Anteilseigner ja den Risiken von Aktien aus. Heute werfen Geldmarktfonds so gut wie nichts mehr ab, weil die Federal Reserve schamlos die Zinsen manipuliert. Damit schadet sie Sparern – früher hieß es »sparen und anlegen«, heute lautet die Devise »leihen und konsumieren« – und drängt sie in riskante Anlagen wie Aktien (weil festverzinsliche Papiere so gut wie keine Rendite bieten, greift man fast automatisch zu Aktien, was gefährlich ist, denn irgendwann werden die Zinsen wieder steigen). Mehr Rendite zu erreichen als ein Geldmarktfonds war für mich also zwingend. Zweitens wollte ich – über einen längeren Zeitraum – besser sein als eine angemessene Benchmark. Denn ansonsten hätten Anleger sagen können (und auch gesagt): »Ich brauche euch gar nicht, ich kann genauso gut einfach einen Indexfonds kaufen.« Mit der Hilfe meiner Kollegen bei SoGen und First Eagle schaffte ich es, (über längere Zeiträume) beide Ziele zu erreichen. Besonders froh bin ich darüber, dass die Renditen auch absolut gesehen klar positiv waren (siehe Anhang C). Denn relative Performance kann man nicht essen ...

Also seufzte ich, als ich Ende 2004 und im März 2009 in die Position eines Beraters wechselte, es war ein Seufzer der Erleichterung.

HEDGEFONDS SIND NICHTS FÜR MICH

Ich habe mich nie dafür interessiert, einen Hedgefonds zu verwalten.

Value-Anleger fühlen sich (und das ist auch richtig so) unwohl mit den Risiken, die mit Leerverkäufen und Hebelung einhergehen. Bei Leerverkäufen liegt das Problem darin, dass sich das potenzielle Abwärtsrisiko nicht bestimmen lässt. Wenn ich eine Aktie für 25 Dollar kaufe, kann ich höchstens 25 Dollar verlieren. Doch wenn ich eine Aktie bei 25 Dollar leerverkaufe, kann sie auf 125 Dollar steigen (oder noch mehr – wer weiß das schon?), also beträgt mein Risiko 100 Dollar (oder mehr). Hebelung wiederum verringert (oder vernichtet) das Durchhaltevermögen von Anlegern. Wenn ich meine Investitionen nicht mit Krediten hebele, kann ich (wenn es sein muss, viele Jahre lang) geduldig sein – zugegebenermaßen natürlich nur, wenn vorher nicht zu viele Anleger aus meinem Fonds aussteigen. Aber wenn ich einen Margin Call bekomme und keine liquiden Mittel habe, kann ich nicht geduldig sein. In meinem nächsten Leben möchte ich einen geschlossenen Fonds oder ein Family-Office verwalten: Beide neigen dazu, so wie ich, langfristig zu denken.

Unsere Fonds Global und Overseas erreichten gute langfristige Renditen (siehe Anhang C) mit niedrigeren Gebühren und weniger Risiko als bei Hedgefonds, weil sie nicht mit Krediten arbeiteten (im Gegenteil: Sie hielten Liquidität, manchmal sogar sehr viel). Wenn ein Anleger am 1. Januar 1979 mit Kredit-Hebelung in unseren Global Fund investiert hätte, wären seine Renditen in den folgenden 26 Jahren noch höher gewesen. Wir aber haben derart riskantes Verhalten gewiss nicht gefördert (und tun es auch heute nicht): Ich selbst habe für Geldanlage in meinem privaten Depot noch nie einen Kredit aufgenommen.

GIBT ES HEUTE NOCH VALUE – UND WENN JA, WO?

Ich bin, auf die eine oder andere Weise, seit mehr als einem halben Jahrhundert im Anlagemanagement-Geschäft tätig. In dieser langen Zeit gab es nur einmal einen bedeutenden Markt, bei dem ich der Meinung war, ich würde dort keinerlei Aktien kaufen, selbst wenn ich mir sehr viele davon anschauen würde. Ich spreche von der Börse Tokio im Jahr 1989. Die dortige Blase am Aktien- und Immobilienmarkt war beeindruckend. Ende der 1990er-Jahre bildete sich auch in den USA eine Blase, aber tatsächlich war der Markt dort zweigeteilt: Es gab die New-Economy-Aktien, die durch die Decke gingen und dann im Frühjahr 2000 einbrachen, und es gab die (verächtlich) sogenannten Old-Economy-Aktien, die in den späten 1990ern, wenn überhaupt, nur wenig stiegen und – allgemein gesagt – sehr vernünftige Preise hatten. In einem meiner schwierigen Jahre gegen Ende der 1990er bekam ich einen Anruf von einem wütenden Finanzplaner, der forderte: Nennen Sie mir ein Beispiel für eine Aktie, die Sie besitzen. Zu meinem eigenen Bedauern entschied ich mich für Buderus (siehe Kapitel 2). Ich konnte die Enttäuschung am anderen Ende der Leitung fast hören. Was war langweiliger, prosaischer, mehr »Old Economy« als ein Boiler-Hersteller ...?

Mit der Ausnahme Japans gab es also auch in den Jahren 1982, 1990 und 2002 sowie Ende 2008 und Anfang 2009 stets »Bottom-up«-Kaufgelegenheiten auf allen großen Märkten. Manchmal waren sie reichlich zu finden, manchmal eher so schwierig wie eine Nadel im Heuhaufen.

Heute ist es in den USA, um es mit den Worten von Benjamin Graham zu sagen, so: »Die Kurse sind hoch, scheinen hoch und sind so hoch, wie sie scheinen.« Für geduldige Value-Anleger aber wird es dort trotzdem zumindest ein paar große Aktien geben, bei denen die Konsensmeinung negativer ist, als angemessen wäre. Und der US-Markt ist groß. Also gibt es dort Gelegenheiten unter den kleineren, manchmal vernachlässigten Aktien, entweder im Stil von Graham oder in dem von Buffett.

In Europa ist der britische Markt tendenziell weniger ineffizient als die Märkte auf dem Kontinent. Und in Frankreich und Deutschland sowie in ein paar kleineren Ländern gibt es einige hochwertige Unternehmen.

Auch in Japan sind Weltklasse-Unternehmen zu finden, ebenso wie eine Reihe von kleinen Aktien, die sehr billig zu haben sind, wenn auch vielleicht nur deshalb, weil feindliche Übernahmen schlicht kein Teil der japanischen Geschäftskultur sind. Zudem hat die Regierung die Führungen von japanischen Unternehmen ermutigt, ihre überschüssige Liquidität durch Aktienrückkäufe (und höhere Dividenden) abzubauen und damit die Eigenkapitalrendite zu erhöhen. Manchmal klagen Anleger aus dem Ausland über die niedrigen Eigenkapitalrenditen in Japan. Wenn der Nettogewinn 7 Yen beträgt und das Eigenkapital 100, liegt diese Rendite bei 7 %. Wenn jedoch die Nettoliquidität 50 Yen ausmacht (und Liquidität bringt in Japan so gut wie keinen Ertrag), dann liegt die Rendite des im Unternehmen wirklich genutzten Eigenkapitals bei 14 %, was ziemlich gut ist. Außerdem hat die Regierung öffentliche Pensionsfonds aufgefordert, mehr Aktien zu kaufen. Weil die Börse Tokio noch immer rund 50 % unter ihren absurd hohen Niveaus von 1989 (vor 25 Jahren!) steht, haben institutionelle und private Anleger in Japan selbst den Mut verloren, sodass Aktien dort mehr oder weniger ignoriert werden. Dadurch entstehen Chancen.

Und zuletzt glaube ich aus einer sehr langfristigen Perspektive, dass der Osten im Kommen ist und der Westen auf dem absteigenden Ast – und wenn die Gründe dafür nur die schiere Größe von Indien und China und die Reformen sind, die in beiden Ländern stattfinden (1991 und 2014 in Indien, 1978 in China). Aber selbst wenn ich richtig liege und der Westen im Niedergang ist, wird es dort immer noch Anlagegelegenheiten geben – zum Beispiel sind viele Unternehmen aus den USA, Europa und Japan bereits heute auf Märkten außerhalb der Industrienationen erfolgreich. Unter den Schwellenländern sehe ich die besten langfristigen Aussichten für Indien, doch die meisten Aktien dort wirken derzeit relativ überteuert. Einer unserer Analysten, Manish Gupta, stammt aus Indien, und außerdem habe ich über die Jahre Kontakt mit Prashant Trivedi, der ein Family-Office leitet, und mit meinem früheren Kollegen Vinodh Nalluri gehalten. Auch für Indonesien und Mexiko würde ich ein gutes Wort einlegen. Was China angeht, dieses Land macht eine schwierige Transformation durch: Inzwischen wissen Anleger, dass ein wichtiger Grund dafür, dass sich die chinesische Wirtschaft nach der Finanzkrise gut entwickelt hat, in dem gigantischen Kredit-Boom lag, der von der Regierung dieser »Plan«-Wirtschaft organisiert wurde; aus diesem Boom wird, auf die eine oder andere Weise, eine Krise werden. In Bezug auf Russland würde ich einräumen, dass rapide Rückgänge bei Währung und Finanzmarkt üblicherweise bedeutende Anlagegelegenheiten entstehen lassen. Jedoch scheinen der staatlichen Willkür in diesem Land keine Grenzen gesetzt (so war es schon unter den Sowjets und den Zaren). Ob man Russe ist oder Ausländer – man glaubt dort, man würde etwas besitzen, bis man von Präsident Putin erklärt bekommt, dass das nicht stimmt. Aber natürlich gibt es für alles den richtigen Preis.

Im Rückblick auf eine lange Laufbahn im Fondsmanagement schätze ich mich sehr glücklich. Meine Mutter, die im Jahr 2015 ihren 99. Geburtstag feierte, sagte einmal zu mir, reines Glück habe mich zu der einzigen beruflichen Aktivität gebracht, mit der ich einigermaßen erfolgreich sein konnte. Ich war überrascht, sagte aber nichts dagegen. Wenn ich es mir recht überlege: Sie könnte recht gehabt haben ...

Der belgische Schriftsteller Georges Simenon, weltbekannt für seine Maigret-Krimis, hat im höheren Alter auch einige Romane über Männer geschrieben, die erfolgreich im Beruf sind, aber mit ungefähr 50 Jahren feststellen, dass sie ihre Arbeit nicht wirklich lieben. Also fangen sie noch einmal von vorn an, mit unterschiedlichen Ergebnissen. Mir ist es zum Glück nicht so ergangen. Sagen Sie es nicht weiter, aber eigentlich bin ich überrascht, dass ich für meine Arbeit überhaupt Geld bekommen habe.

KAPITEL 13
LETZTE WORTE

In diesem Buch zitiere ich mehrmals den legendären Value-Anleger Warren Buffett. Um sicherzustellen, dass er richtig verstanden wird, übertreibt Buffett gern etwas. Aber seine Argumente werden meist gut aufgenommen.

Ich bin kein Warren Buffett, aber für ihr Buch *The Art of Value Investing* haben John Heins und Whitney Tilson Zitate von Anlagemanagern aus Medien-Interviews und Artikeln zusammengetragen, unter anderem von mir. Die folgenden Zitate aus dem Buch fassen einige meiner Ansichten zu dem Thema zusammen.

SICHERHEITSMARGE

»Immer wenn Ben Graham gefragt wurde, was seiner Meinung nach in der Wirtschaft oder bei den Gewinnen von Unternehmen X oder Y passieren würde, antwortete er trocken: ›Die Zukunft ist ungewiss.‹ Genau aus diesem Grund braucht man bei Geldanlage eine Sicherheitsmarge, und das ist heute relevanter als je zuvor.«

DIE SCHMERZEN EINES VALUE-ANLEGERS

»Wenn man Value-Anleger ist, ist man ein langfristig orientierter Anleger. Wenn man ein Langfrist-Anleger ist, versucht man nicht, kurzfristig mit der Benchmark mitzuhalten. Dazu akzeptiert man von vornherein, dass man bei der Performance gelegentlich zurückliegen wird, was eine andere Formulierung dafür ist, dass man leiden wird. Es ist sehr schwierig, das im Voraus zu akzeptieren, denn die Wahrheit ist, dass der menschliche Charakter unter Schmerzen schrumpft. Das ist der Grund dafür, warum nicht sehr viele Leute auf diese Art investieren. Aber wenn Sie so fest daran glauben wie ich, dass Value-Investing nicht nur sinnvoll ist, sondern auch funktioniert, gibt es wirklich keine glaubwürdige Alternative dazu.«

ÜBER BENJAMIN GRAHAM UND WARREN BUFFETT

»Mehrere Jahrzehnte lang habe ich mich beim Stil sozusagen zwischen Ben Graham und Warren Buffett bewegt. Der Ansatz von Graham ist statisch, quantitativ und auf die Bilanz fokussiert. Bei ihm wird nicht sehr intensiv versucht, in die Zukunft zu blicken und die eher qualitativen Aspekte eines Unternehmens zu bewerten.

Die große Neuerung von Buffett war, stärker qualitativ die wenigen Unternehmen zu suchen, die nachhaltige Wettbewerbsvorteile zu haben scheinen und bei denen es eine ziemlich hohe Wahrscheinlichkeit dafür gibt, dass sie in zehn Jahren noch so erfolgreich sind wie heute. In solchen Fällen verdient man Geld eher mit der Zunahme des inneren Wertes als damit, dass der Abschlag zu diesem inneren Wert mit der Zeit abgebaut wird.

Als ich im Jahr 1979 begann, gab es nach der schwachen Performance der 1970er-Jahre sowohl in den USA als auch in Europa viele Aktien im Stil von Ben Graham zu entdecken. Als wir wuchsen und die Märkte sich veränderten, gingen wir zu einem stärker an Buffett orientierten Ansatz über, aber nicht ohne zu zögern. Wenn man sich bei der Beurteilung, ob ein Unternehmen einen nachhaltigen Wettbewerbsvorteil hat, täuscht, kann das Anlageergebnis katastrophal sein. Beim Graham-Ansatz wird dieses Risiko durch den hohen Abschlag zum statischen Wert minimiert. Insgesamt würde ich meinen, wir haben sowohl von Graham als auch von Buffett gelernt.«

VALUE-INVESTING FUNKTIONIERT WELTWEIT

»Ich hatte in den 1980ern und bis in die 1990er-Jahre hinein das Glück, dass unser Stil des Value-Investing nicht häufig praktiziert wurde, vor allem nicht in Kontinentaleuropa. Value-Aktien wurden weitgehend ignoriert, und wenn man genügend Geduld aufbrachte, konnte man sie oft für einen Spottpreis kaufen. Das hat sich geändert – viele der Ineffizienzen sind verschwunden.

Doch die Grundlagen von Value-Investing – die meiner Meinung nach auf gesundem Menschenverstand beruhen – funktionieren noch immer, und zwar auch jenseits der eigenen Landesgrenzen. Wir schauen uns Aktien stets auf die gleiche Weise an, ob in Hongkong, Japan oder Paris. Die Leute fragen immer: ›Aber warum investieren Sie nicht wie die lokalen Anleger, damit Sie die lokalen Besonderheiten verstehen?‹ Meine Antwort darauf ist schlicht Nein. Wir kaufen niemals Aktien auf der Grundlage von Überlegungen darüber, was andere Anleger tun könnten.«

FOKUSSIEREN AUF DAS WESENTLICHE

»Es kann leicht passieren, dass man sich in Details verliert oder in Komplexität verstrickt. Für mich ist jedoch am wichtigsten zu wissen, auf welche drei, vier oder fünf Merkmale eines Unternehmens es wirklich ankommt. Wir haben ein hervorragendes Analystenteam für die investigative Arbeit, und ich habe meine Aufgabe hauptsächlich darin gesehen, die richtigen Fragen zu stellen und die Analysen so zu fokussieren, dass sie eine Entscheidung ermöglichen.«

SCHNÄPPCHEN FINDEN

»In den meisten Fällen sind die kurzfristigen Aussichten der Unternehmen, die wir am Ende kaufen, aus unternehmensspezifischen oder konjunkturellen Gründen schrecklich. Die besten Gelegenheiten finden sich meist, wenn ein Unternehmen, das kurzfristig fürchterliche Aussichten hat, noch vor Kurzem als ein Liebling der Anleger galt und wenn die Probleme jetzt als dauerhaft wahrgenommen werden. Wenn man selbst diese Probleme für nicht wirklich dauerhaft hält und sich letztlich herausstellt, dass man richtig lag, sind in solchen Fällen sehr attraktive Investments möglich.«

HEBELUNG IST GEFÄHRLICH

»Einer [meiner häufigeren Fehler] war, die potenziellen Auswirkungen von Kredit-Hebelung zu ignorieren. Ich weiß, dass der Hebeleffekt in beide Richtungen wirkt. Aber sagen wir, man macht eine Summe-der-Teile-Analyse und ist der Meinung, dass die Aktiva des Unternehmens 100 Dollar wert sind. Wenn es 70 Dollar Schulden hat und man den Wert seiner Aktiva um nur 10 Dollar zu hoch angesetzt hat, bedeutet das, dass der Wert seines Eigenkapitals von 30 Dollar auf 20 Dollar sinkt. 10 % danebenzuliegen, ist insgesamt gesehen kein so großer Fehler. Doch bei einem hohen Verschuldungsgrad ändert sich das.«

DIVERSIFIKATION

»Ich kenne das Argument, dass man nur in seine 30 oder 40 besten Ideen investieren sollte. Aber ich konnte nie über einen längeren Zeitraum belegen, dass ich tatsächlich im Voraus weiß, was meine besten

Ideen sind. Wenn ich es wüsste, würde ich natürlich wirklich nichts anderes mehr kaufen ...«

LIQUIDITÄT

»Unser Liquiditätsbestand ist eine reine Restgröße. Entweder fallen uns reichlich Anlageideen ein, sodass die Cash-Quote nur etwa 5 % beträgt (damit wir mögliche Anteilsrückgaben bedienen können), oder wir haben nicht genügend Anlageideen (vielleicht suchen wir nicht an den richtigen Stellen), sodass die Liquidität zunimmt.«

GOLD ALS ABSICHERUNG

»Wir verstehen Gold nicht als Rohstoff, sondern als eine Form der Absicherung gegen das, was (der späte) Peter Bernstein als extreme Ergebnisse bezeichnet hat. Unter den meisten Bedingungen, bei denen die Aktienmärkte weltweit – und zwar nicht nur eine oder zwei Wochen lang – fallen würden, würde der Preis von Gold steigen, was einen teilweisen Ausgleich für die Verluste, die wir dann mit unserem Portfolio erleiden, bedeuten würde.

Wir halten nicht blind an Gold fest. Es kann eine Zeit kommen, in der wir denken, dass die Absicherungsprämie zu teuer geworden ist, oder in der wir zu dem Schluss kommen, dass wir die Absicherung nicht mehr benötigen.«

ANHÄNGE

FirstEagle SoGenFunds

De l'offre faite aux Actions à Dividende Prioritaire (ADP) Legrand :

TORPEUR ET TURPITUDE

L'affaire des ADP Legrand est simple : que vaut le droit de vote des actionnaires minoritaires dans le capital d'une société sous contrôle familial ? La question à peine posée, la réponse est évidente : presque rien.

Au moins 43 % (oui: 43 % !) de la valeur de l'action ordinaire, répondent les Administrateurs de Legrand.

43 % de décote, alors que les ADP ont été émises sans décote en 1983 ?
43 %, alors que la loi française (art 269-1 de la Loi 66-537 du 24 juillet 1966) stipule que " les titulaires d'ADP bénéficient des droits reconnus aux autres actionnaires, à l'exception du droit de participer et de voter aux assemblées générales des actionnaires de la société " ?
43 %, alors que les détenteurs d'ADP, réunis en assemblée spéciale, ont un droit de veto sur une fusion de Legrand avec Schneider ?
43 %, alors que les dirigeants de Legrand nous ont répété que l'intérêt économique des ADP dans l'entreprise était identique à celui des actions ordinaires ?
Enfin et surtout, 43 % de décote, alors que les ADP Legrand ont droit à perpétuité à un dividende supérieur de 60 % (oui : 60 % !) à celui des actions ordinaires ?
Tout cela compense – et bien au delà – l'absence du droit de vote.

Torpeur intellectuelle : celle du Conseil des Marchés Financiers, qui a jugé " acceptable " le rapport d'échange proposé, et a ainsi avalisé la décote d'environ 43 % prévalant sur le marché avant l'annonce de l'acquisition de Legrand par Schneider.

Cette décote était une anomalie, comme on en voit souvent sur les marchés, où les cours d'un titre peuvent s'écarter durablement de sa valeur intrinsèque. Pour les ADP Legrand, la méfiance d'investisseurs étrangers envers un système qui protège mal les minoritaires, la torpeur intellectuelle de certains investisseurs français (l'ADP n'est dans aucun indice!), la politique de rachat de titres de Legrand, qui a systématiquement favorisé les actions ordinaires, tout cela a pu contribuer à creuser la décote.

Mais, en l'occurrence, cette anomalie ne compte pas. Lors d'une Offre Publique, c'est la valeur intrinsèque de l'ADP qui doit être reconnue.

Son dividende étant supérieur de 60 %, l'ADP Legrand vaut 60 % de plus que l'action ordinaire, moins la valeur du droit de vote. Celle-ci est au mieux nulle, au pire de 20 % de la valeur de l'action ordinaire, si on en juge d'après les opérations sur les certificats d'investissement.

L'ADP Legrand mérite donc au minimum une prime de 28 % sur la valeur de l'action ordinaire, et non une décote de 43 %, laquelle représenterait une iniquité inexplicable.

Turpitude morale : l'approbation unanime, *sans avis d'expert indépendant*, donnée par le Conseil d'Administration à la décote de 43 % est une « action honteuse ». Madame et Messieurs les Administrateurs de Legrand, cette Offre privilégie indûment les actions ordinaires aux dépens des porteurs d'ADP.

Torpeur des uns, turpitude des autres. Et aussi – pour nous, *actionnaires depuis le 22 juillet 1992* – incrédulité, amertume, colère : sur la place de Paris (et même à Limoges…) plus ça change et plus c'est pareil.

Porteurs d'ADP Legrand, sachez que jamais une opération visant à acquérir des ADP n'a été présentée avec une telle décote par rapport à l'action ordinaire.
Porteurs d'ADP Legrand, notez que la logique financière fait ressortir une valeur de l'ADP Legrand supérieure à deux fois l'offre proposée !
Sachez d'autre part que les First Eagle Sogen Funds, actionnaires de Legrand depuis 1992, détenteurs à ce jour de plus de 300 000 ADP Legrand, soutiennent tous ceux qui luttent pour faire reconnaître les droits des porteurs d'ADP Legrand.
Porteurs d'ADP Legrand, vous avez le choix de ne pas apporter vos titres à l'offre de Schneider.

Jean-Marie EVEILLARD
Co-Président de First Eagle SoGen Funds

ANHANG A
ZUM ANGEBOT FÜR VORZUGSAKTIEN (ADPS) VON LEGRAND: STARRHEIT UND VERDORBENHEIT

Eigentlich ist die Angelegenheit mit den Vorzugsaktien von Legrand ganz einfach: Welchen Wert haben die Stimmrechte der Minderheitsaktionäre in einem familienkontrollierten Unternehmen? Sobald man diese Frage gestellt hat, ergibt sich die Antwort fast von selbst: so gut wie keinen.

Mindestens 43 % (ja, 43 %) des Wertes der Stammaktie, sagt jedoch der Vorstand von Legrand.

43 % Abschlag, obwohl die ADPs im Jahr 1983 ohne Abschlag emittiert wurden?

43 %, obwohl das französische Gesetz (Artikel 269-1 des Gesetzes 66.537 vom 24. Juli 1966) vorsieht, dass die Inhaber von ADPs dieselben Rechte haben wie andere Aktionäre, ausgenommen das Stimmrecht bei der Jahreshauptversammlung?

43 %, obwohl die ADP-Inhaber das Recht haben, in einer Sondersitzung ihr Veto gegen die Übernahme von Legrand durch Schneider einzulegen?

43 %, obwohl uns die Legrand-Führung wiederholt gesagt hat, dass die wirtschaftlichen Rechte von ADPs und Stammaktien identisch seien?

Und zuletzt und am wichtigsten: 43 % Abschlag, obwohl die ADPs zeitlich unbegrenzt Anrecht auf eine um 60 % (ja, 60 %) höhere Dividende haben als bei den Stammaktien.

All das ist ein Ausgleich – ***und deutlich mehr als das*** – für die fehlenden Stimmrechte.

Intellektuelle Starre: die des Conseil des Marchés Financiers, der das angebotene Tauschverhältnis als »akzeptabel« bewertet und damit den Abschlag von rund 43 % für korrekt erklärt hat, der am Markt vor der Bekanntgabe der Übernahme von Legrand durch Schneider zu beobachten war.

Doch dieser Abschlag war eine Anomalie, wie sie an den Märkten häufig vorkommt: Der Preis eines Wertpapiers kann für lange Zeit von seinem inneren Wert abweichen. Bei den Legrand-ADPs haben mehrere Faktoren dazu beigetragen, dass der Abschlag größer wurde: das Misstrauen ausländischer Anleger gegenüber einem System, das wenig Schutz für Minderheitsaktionäre bietet, die intellektuelle Starrheit mancher französischer Anleger (die ADPs sind in keinem Index enthalten!) und die Aktienrückkaufpolitik von Legrand, bei der Stammaktien systematisch bevorzugt wurden.

Doch in diesem Fall spielt die Anomalie keine Rolle mehr. Bei einem Übernahmeangebot muss der innere Wert der ADPs berücksichtigt werden.

Da ihre Dividende um 60 % höher liegt, ist die Legrand-Vorzugsaktie 60 % wertvoller als die Stammaktie. Davon abzuziehen ist der Wert des Stimmrechtes, der bestenfalls null beträgt und im schlechtesten Fall 20 % des Werts der Stammaktie, wie es beim Geschäft mit Anlagezertifikaten gehandhabt wird.

Aus diesem Grund verdient die Legrand-ADP einen Aufschlag von mindestens 28 % gegenüber der Stammaktie statt eines Abschlags von 43 %, der eine unerklärliche Ungerechtigkeit darstellen würde.

Moralische Verdorbenheit: Die einstimmige Genehmigung, die der Vorstand »*ohne unabhängige Expertenmeinung*« für den Abschlag von 43 % erteilt hat, ist eine »schändliche Handlung«. An die Vorstandsmitglieder von Legrand: Dieses Angebot stellt eine unangemessene Bevorzugung der Stammaktien auf Kosten der ADPs dar.

Starrheit bei der einen Gruppe, Verdorbenheit bei der anderen. Für uns – »*Aktionäre seit dem 22. Juli 1992*« – bedeutet das: Unglauben, Bitterkeit, Wut. In Paris (und selbst in Limoges ...) gilt »plus ça change et plus c'est pareil« (je mehr sich verändert, desto mehr bleibt gleich).

An die ADP-Inhaber: Seien Sie sich bewusst, dass noch nie ein Angebot für ADPs zu einem derart hohen Abschlag gegenüber der Stammaktie gemacht wurde.

ADP-Inhaber: Beachten Sie, dass der Wert der ADPs nach logischen Berechnungen mehr als doppelt so hoch ist wie der angebotene Preis!

Seien Sie sich außerdem bewusst, dass First Eagle SoGen Funds, Legrand-Aktionär seit 1992 und derzeit Inhaber von mehr als 300.000 Legrand-ADPs, alle Anleger unterstützen wird, die sich dafür einsetzen, dass die Rechte der Inhaber von Legrand-ADPs anerkannt werden.

Inhaber der ADPs von Legrand: Sie haben die Option, das Angebot von Schneider für Ihre Aktien nicht anzunehmen.

Jean-Marie EVEILLARD
Co-Präsident von First Eagle SoGen Funds

ANHANG B
ÜBER DIE TYRANNEI DER BENCHMARKS*

Im Magazin *Barron's* hat sich ein Anlagemanager vor Kurzem relativ kritisch über eine bestimmte Aktie geäußert; trotzdem, so sagte er, besitze er sie und habe sie lediglich »untergewichtet«. Das wirft eine Frage auf: Welchen Sinn hat es, eine Aktie überhaupt zu besitzen, wenn man sie für unattraktiv hält? Ein Portfolio, das viele Aktien nur deshalb enthält, weil sie hohes Gewicht im Index haben (eine Folge davon, dass sie stark gestiegen sind), kann rapide an Wert verlieren und immer noch riskant sein – denn es bietet von Anfang an kein Polster.

Genau so aber gehen viele professionelle Anleger vor, weil sie versuchen, ihre »Benchmark« über einen kurzen Zeitraum zu erreichen oder leicht zu übertreffen. Sie tun das instinktiv, aus Gründen des Selbstschutzes, aus Angst, dass Vermögen abgezogen, ihr Bonus gekürzt oder sogar Jobs gestrichen werden, wenn sie das nicht schaffen. Beachtet denn überhaupt jemand die treuhänderische Verpflichtung gegenüber den Anteilseignern von Fonds? Wenn ein Fonds 20 % verlieren würde und seine Benchmark 25 %, wären seine Manager dann Helden? Oder Trottel? In den Augen der Anteilseigner wohl eher Letzteres: »Was soll das heißen, der Fonds hat nur 20 % verloren?!«

Andere, mutigere Fondsmanager spielen mit konzentrierten Portfolios aus modischen Namen das »Momentum«-Spiel. Ihr Ziel ist es, die Benchmark deutlich zu schlagen (was manche von ihnen auch geschafft haben). Hier lautet die Frage: Ist Konzentration nicht ein Bullenmarkt-Phänomen? Oder, wenn Sie nicht so schlau sind wie Warren Buffett, sollten Sie dann nicht lieber diversifizieren? Ist Diversifizierung nicht sogar ein »raison d'être« für Publikumsfonds? Welche Risiken birgt ein konzentriertes Portfolio aus »Momentum«-Aktien? Ein

* Ein kürzere Version dieses Artikels ist im November 2000 im Magazin *Financial Planning* erschienen.

Anleger, der ein Gebäude oder ein ganzes Unternehmen kauft, achtet sehr auf den Preis, den er dafür bezahlen soll. Das Gleiche gilt beim Kauf eines Autos oder auch nur einer Badehose. Jeder Käufer möchte ein günstiges Angebot. Warum sollte das bei Aktien anders sein? Sind sie nur ein Stück Papier, das auf der Grundlage von Psychologie, Stimmung und Herdeninstinkten hin- und hergehandelt werden? Haben wir aus der Geschichte nichts gelernt? Immerhin wurden im vergangenen halben Jahrhundert der wirtschaftlichen Expansion mehrmals die Ersparnisse vieler Menschen zunichtegemacht (ja, zunichtegemacht) – zuletzt mit Internet-Aktien. Mein Punkt hier ist: Sowohl verstecktes Index-Nachbilden als auch das Gehen aufs Ganze setzen die Kunden von Finanzplanern unangemessenen Risiken aus. Und beides ist eine Folge der Tyrannei der Benchmarks.

Im Gegensatz dazu möchte ich behaupten, dass ein diversifiziertes Portfolio aus Wertpapieren, bei dem es absolut nicht darum geht, irgendetwas »unterzugewichten«, in der Theorie für die meisten Kunden von Finanzplanern attraktiv sein dürfte. Diversifizierung verringert das Risiko, und der Verzicht auf »untergewichten« hält das Portfolio frei von drastisch überbewerteten Wertpapieren. Ich habe meine eigenen Fehler gemacht (mehr, als ich mich erinnern möchte), doch 1988/89 (in einer Zeit, in der Tokio im Welt-Index ein noch höheres Gewicht hatte als die USA) besaßen wir praktisch keinerlei japanische Aktien, denn wir hielten das gesamte Universum japanischer Aktien für empörend teuer. Was also sollten Finanzplaner und ihre Kunden erwarten? Vor allem, so denke ich, Nachsteuer-Renditen etwas oberhalb (bitte beachten Sie die überaus genaue Angabe) der von Treasury Bills. Etwas höher sollten die Renditen natürlich deshalb sein, weil das Geld der Kunden dem Aktienrisiko ausgesetzt wird. Zweitens sollte man Renditen erwarten, die über einen langen Zeitraum gesehen (nicht Quartale oder Jahre, sondern Jahrzehnte) über der einer angemessenen Benchmark liegen. Ansonsten könnte man ja einfach in einen Index investieren.

Die meisten Kunden von Finanzplanern, so vermute ich, versuchen nicht, mittels Geldanlage reich zu werden oder weniger sparen zu müssen (jedenfalls sollten sie das nicht). Sie versuchen, so gut wie möglich dafür zu sorgen, dass genügend Geld für die Ausbildung ihrer Kinder oder ihren eigenen Ruhestand verfügbar ist. Es geht ihnen nicht um »Spielgeld«, sondern um »ernsthaftes Geld«, also sollte das Risiko gering gehalten werden. Und wenn die Renditen als Folge davon nicht »den Rahmen sprengen« können, dann sollten die Kunden entsprechend mehr sparen.

Für manche Finanzplaner hat das, was ich hier schreibe, keinen Sinn. Bei manchen mag es in krassem Widerspruch zu dem stehen, was ihre Kunden erwarten. Dann soll es so sein.

Bis vor einigen Jahren sagten Finanzplaner gern zu mir: »Wir wissen Ihre Renditen zu schätzen, aber am meisten mögen wir Ihren vorsichtigen, diversifizierten Value-Ansatz, denn aus Erfahrung wissen wir, dass man einen Kunden am ehesten dann verliert, wenn man absolut gesehen sein Geld verliert.« Heute sagen manche: »Wir mögen Ihren Ansatz immer noch, und Ihre Renditen waren absolut gesehen in Ordnung. Aber alle unsere Kunden haben einen Elternteil, einen Freund oder einen Nachbarn mit aggressiven Wachstumsfonds, die viel mehr abgeworfen haben als Ihrer. Also gibt es Neid.« Nun, dann soll auch das so sein. Wir behandeln den Kapitalerhalt – seit inzwischen mehr als 20 Jahren – als oberste Priorität, und wir haben nicht vor, das zu ändern. Denn zunächst einmal wollen wir nicht die geduldigen Seelen betrügen, die uns treu geblieben sind, wahrscheinlich weil sie mit unserem Ansatz und seiner Umsetzung einverstanden sind.

Wie ich höre, sind die Kunden mancher Finanzplaner unruhig geworden. Manche wollen Aktivität: »Stehen Sie nicht einfach so herum – tun Sie etwas!« Darauf könnte man antworten, dass Warren Buffett tatsächlich die meiste Zeit über »nichts tut« als an sorgfältig ausgewählten Wertpapieren festzuhalten. Manche Kunden sind – ermutigt vom Bullenmarkt und durch die Massen an Informationen (aber

Informationen sind noch kein Wissen!) – dazu übergegangen, ihre Aktien selbst auszuwählen (»Hey, wer braucht schon einen Finanzplaner?«). Nach so vielen hervorragenden Jahren am Markt (25 Jahre, und es werden immer mehr – eine ganze Generation) ist derartige Extrapolation nur menschlich. Aber Sie und ich wissen, dass die große Mehrheit der Menschen, wenn man sie sich selbst überlässt, schreckliche Anleger sind. Natürlich haben manche genügend Zeit, Neigung und Geschick, um am Markt alleine zurechtzukommen, aber das sind nur sehr wenige. Die anderen werden zurückkommen, wenn das Wort Risiko wieder eine Bedeutung hat (und das ist nur eine Frage der Zeit).

Zusammengefasst: Der Wunsch, Benchmarks zu erreichen oder zu übertreffen, prägt heute das Denken der meisten Fondsmanager – letztlich zum Schaden, so fürchte ich, der besten Interessen ihrer Kunden. Manchmal ist es schwierig oder sogar unmöglich, Kunden klarzumachen, wie ihrem besten Interesse gedient ist. Manchmal sind sie ihre eigenen schlimmsten Feinde. Doch Finanzplaner sollten sich darüber im Klaren sein, dass Tonnen von »ernsthaftem Geld« verloren gehen könnten, wenn sich das Blatt wendet, und irgendwann wird es so weit sein. Vergessen Sie Benchmarks.

ANHANG C
DIE LANGFRISTIGEN RENDITEN VON JEAN-MARIE EVEILLARD

mit Unterstützung der internen Analysten

Zeitraum: 1/1979 bis 12/2004 (26 Jahre)

Benchmark: MSCI World Index, Nettorendite in %

Beschreibung	annualisierte Rendite	kumulative Rendite
First Eagle Global – Klasse A	15,67	4394,99
MSCI World Index –Nettorendite	11,29	1514,25

Zeitraum: 9/1993 bis 12/2004 (11 Jahre, 4 Monate)

Benchmark: MSCI EAFE, Nettorendite in %

Beschreibung	annualisierte Rendite	kumulative Rendite
First Eagle Overseas – Klasse A	14,36	357,42
MSCI EAFE – Nettorendite	5,50	83,54

Zeitraum: 2/1979 bis 12/2004 (7 Jahre, 10 Monate)

Benchmark: MSCI EAFE, Nettorendite in %

Beschreibung	annualisierte Rendite	kumulative Rendite
First Eagle Overseas Variabel	18,04	271,70
MSCI EAFE – Nettorendite	5,41	51,77

Zeitraum: 4/2007 bis 3/2009 (24 Monate)		
Benchmark: MSCI World Index, Nettorendite in % MSCI EAFE, Nettorendite in %		
Beschreibung	**annualisierte Rendite**	**kumulative Rendite**
First Eagle Global – Klasse A	-11,84	-22,28
MSCI World Index – Nettorendite	-25,47	-44,45
First Eagle Overseas – Klasse A	-13,79	-25,68
MSCI EAFE – Nettorendite	-27,85	-47,95
First Eagle Overseas Variabel	-12,53	23,49
MSCI EAFE – Nettorendite	-27,85	-47,95

ANHANG D
VALUE-AKTIEN SIND HEISS – ABER DIE MEISTEN ANLEGER VERBRENNEN SICH DARAN

von Jason Zweig
15. Februar 2013, 16.55 ET

»Die meisten Menschen sind für Value-Investing nicht gut geeignet, denn unter Schmerzen wird der menschliche Charakter kleiner«, sagte mir vergangene Woche der Anlageverwalter Jean-Marie Eveillard. Seine Worte sind eine Erinnerung daran, dass das Geldverdienen mit billigen Aktien – das Ziel jedes Value-Anlegers – schwieriger ist, als es klingt, und dass Jahre vergehen können, bis es funktioniert.

Zuletzt sah Value-Investing ganz leicht aus. Der Russell 1000 Value Index, eine Messlatte für billige Aktien mit schwachem erwarteten Gewinnwachstum, ist in den vergangenen zwölf Monaten um 19 % gestiegen, verglichen mit 11 % bei den teureren »Growth«-Aktien und 15 % im gesamten Russell 1000 Index großer Aktien. Allmählich wird die Öffentlichkeit darauf aufmerksam: Auf große Value-Aktien spezialisierte Publikumsfonds haben im Januar Zuflüsse von 2,4 Milliarden Dollar verzeichnet.

Doch wie Eveillard warnt, werden Menschen, die Value-Investing für leicht halten, auf lange Sicht nicht belohnt. Überlegene Renditen kann man nur verdienen, wenn man sich darüber im Klaren ist, dass es schwierig werden kann – und wenn man sich davon nicht beirren lässt.

Eveillard muss es wissen. Von 1979 bis 2004 war er leitender Manager des SoGen International Fund (heute First Eagle Global). In diesem Zeitraum verdiente der Fonds durchschnittlich 15,8 % pro Jahr, gegenüber 11,3 % im weltweiten Aktienindex MSCI World. Diese Superformance ist eine der größten und längsten, die je erreicht wurden.

Ende der 1990er-Jahre aber waren Aktien der »New Economy« heiß – Internet-Startups also. Eveillard hielt an der Old Economy fest: Eisenbahnen, Goldminen und japanische Versicherungen. Im Jahr 1998 war sein Fonds damit 25 %-Punkte schwächer als der Index.

»Nach einem schlechten Jahr waren die Anleger verärgert«, erinnert er sich. »Nach zwei Jahren waren sie wütend und nach drei Jahren waren sie weg.« Von 1997 bis 2000 stießen Anleger zwei Drittel des Fondsvermögens ab – um dann die hervorragende Performance in den späteren Jahren zu verpassen.

Die Fondsbranche vermarktet seit Langem die Chimäre der »Konsistenz«, die Vorstellung also, dass ein hervorragender Aktienexperte stets höhere Renditen erzielen kann als der Markt. Anleger, die diesem Mythos glauben, verkaufen oft in Panik, sobald der nächste Crash zeigt, dass kein Experte durchgehend überdurchschnittlich abschneiden kann.

Im Jahrzehnt bis zum 31. Dezember 2012 erreichten Value-Fonds mit Spezialisierung auf große Aktien im Durchschnitt 6,7 % Rendite pro Jahr. Der typische Anleger in solchen Fonds aber kam laut Russel Kinnel, Leiter der Fondsanalyse bei Morningstar, nur auf 5,5 % Rendite pro Jahr.

Zum Teil liegt dies daran, dass viele Anleger ausgestiegen sind, nachdem diese Fonds im Jahr 2008 im Durchschnitt fast 37 % verloren hatten; von der anschließenden Erholung profitierten nur diejenigen, die dabeigeblieben waren. »Zu viele Anleger neigen zu der Annahme, dass Value-Strategien makellos oder »bärensicher« sind«, sagt Kinnel. Wenn sie dann feststellen, dass dies doch nicht der Fall ist, verkaufen sie erschrocken.

Summit Street Capital Management, eine Investment-Partnerschaft aus New York, hat vor Kurzem eine Gruppe von Value-Anlegern mit hervorragenden Langfrist-Renditen analysiert und festgestellt, dass ihre Performance ein Drittel bis 40 % der Zeit unter dem Durchschnitt liegt. »Es ist schwer, sich nicht herausschütteln zu lassen, wenn man das nicht verstanden hat und überzeugt genug ist«, sagt Jennifer Wallace, Partner bei Summit Street.

Ebenfalls verstehen sollte man, dass sich Gegenwart und Zukunft von der Vergangenheit unterscheiden. Seit 1926 haben Value-Aktien pro Jahr im Durchschnitt 4 %-Punkte mehr Performance erreicht als Growth-Aktien; dies geht aus dem maßgeblichen Index hervor, den die Finanzprofessoren Eugene Fama von der University of Chicago und Kenneth French vom Dartmouth College zusammengestellt haben.

Aber Vorsicht: Der typische Value-Fonds von heute ist möglicherweise nicht mehr in der Lage, die überlegenen Renditen zu erzielen, die mit den Schnäppchen-Aktien früherer Jahrzehnte möglich waren.

Heutzutage suchen die meisten Value-Manager Aktien, die relativ gesehen zu den aktuellen oder erwarteten Gewinnen billig sind. Die Schnäppchen-Aktien im viel zitierten Fama-French-Index aber wurden nach einer anderen Kennzahl ausgewählt: nach dem Buchwert, einem grundlegenden Maß für das Nettovermögen von Unternehmen.

Viele Aktienexperten aber achten heute nicht mehr allzu sehr auf den Buchwert. Und obwohl die historisch hohen Renditen des Fama-French-Index zu großen Teilen durch Engagements in kleinen Unternehmen zustande kamen, bevorzugen die meisten Fondsmanager inzwischen größere Unternehmen.

Außerdem sind Value-Aktien heute weniger günstig als früher. In der Vergangenheit waren sie gemessen am Kurs-Gewinn-Verhältnis im Durchschnitt um 54 % billiger zu haben als Growth-Aktien, sagt Eric Weigel, Research-Direktor bei der Anlagegesellschaft Leuthold Group in Minneapolis. Heute ist Value nur noch 40 % billiger.

Also könnte der Trend zum Value-Investing schon bald wieder enden. Um ein Value-Anleger zu sein, müssen Sie mehr können, als billige Aktien zu kaufen oder Fonds, in denen diese enthalten sind: Sie müssen auch dabeibleiben, bis der Markt den Wert dieser Aktien erkennt. Eveillard, inzwischen 73 Jahre alt und Berater für seinen alten Fonds, sieht immer noch Schnäppchen in Japan und unter Goldminen-Aktien. Aber er ist auch bereit, zu »leiden«, bis der Markt ihm recht gibt.

–intelligentinvestor@wsj.com; twitter.com/jasonzweigwsj

Schreiben Sie Jason Zweig unter **intelligentinvestor@wsj.com**

Die Geheimnisse der Wertpapieranalyse

Benjamin Graham, David Dodd

Benjamin Graham ist der Vater der Wertpapieranalyse. In diesem unschlagbaren Buch gibt Ihnen der Autor aufsehenerregende Antworten auf alle Kardinalfragen der Geldanlage. Seit über 70 Jahren werden die Geheimnisse der Wertpapieranalyse nun schon an die jeweils nächste Generation von Anlegern weitergegeben. Warren Buffett beispielsweise, einer der reichsten Anleger der Neuzeit, bekennt sich ganz offen zu Benjamin Grahams Analysemethoden.

944 Seiten | Hardcover | 64,99 € (D) | ISBN 978-3-89879-953-9

Das Value-Investing-Handbuch

John Mihaljevic

Erstmals fasst John Mihaljevics Value-Investing-Handbuch die bewährten Strategien der besten Value-Investoren der Welt zusammen. Benjamin Graham, Warren Buffett, Seth Klarman oder Felix Zulauf – mit welchen Methoden arbeiten die Profis?

Mihaljevic stellt Ihnen die neun wichtigsten Strategien wertorientierten Investierens vor und analysiert die Vor- und Nachteile. Schritt für Schritt lernen Sie als Investor die besten Investments zu finden, zu bewerten und umzusetzen. Zusätzlich lässt er die erfolgreichsten Hedgefonds-Manager der Welt zu Wort kommen, die oft auch Value-Investoren sind: David Einhorn, der selbst den Apple-Konzern das Fürchten lehrt, oder Felix Zulauf, einer der erfolgreichsten Schweizer Vermögensverwalter.

400 Seiten | Hardcover | 34,99 € (D) | ISBN 978-3-89879-888-4

The Great Minds of Investing

William Green

Ihre Worte bewegen Milliarden, ihr Anlageerfolg ist Legende. Dieser einzigartige englischsprachige Bildband wirft ein völlig neues Licht auf die herausragendsten Investoren unserer Zeit. Mehr als fünf Jahre Zeit nahm sich der Weltklassefotograf Michael O'Brien für die 33 intimen Porträts von Starinvestoren wie Warren Buffett, Charly Munger oder Howard Marks.

Alle bisher unveröffentlichten Bilder werden von exklusiven Profilen ihrer Charaktere begleitet, die William Green aus zwei Jahrzehnte lang gesammeltem Material aus Interviews für Publikationen erstellte, u. a. im *Forbes-Magazine* und in *Fortune*.

144 Seiten | Hardcover | 74,99 € (D) | ISBN 978-3-89879-924-9

Charlie Munger

Tren Griffin, Charles Munger

Charlie Munger ist visionärer Vizepräsident von Berkshire Hathaway, einem der 20 größten Unternehmen der USA. Doch noch mehr ist er Warren Buffetts unersetzlicher Geschäftspartner, der über Jahrzehnte besser abgeschnitten hat als der Markt. Munger ist davon überzeugt, dass Sie als Investor dasselbe schaffen können. Seine Lebenserfahrung – ein Bündel interdisziplinärer Denkmodelle aus Wirtschaft, Psychologie und Philosophie – ermöglicht es ihm, Emotionen und Investitionen strikt zu trennen und so die üblichen Fallstricke beim Investieren zu meiden. Das können auch Sie.

256 Seiten | Hardcover | 24,99 € (D) | ISBN 978-3-89879-958-4

Warren Buffetts fundamentale Investment-Geheimnisse

Jeremy Miller

Zum ersten Mal erscheinen mit diesem Buch die gesammelten, kommentierten und von Warren Buffett exklusiv autorisierten Briefe, die er seinen Anteilseignern bei Buffett Partnership zwischen 1956 und 1970 schrieb, um seine Investmentstrategie darzulegen. 14 Jahre, zwischen seiner Zeit mit Benjamin Graham in New York und dem Beginn der Berkshire-Hathaway-Erfolgsgeschichte, in denen Buffett den Grundstein für seinen bisher unerreichten Erfolg legte. Die »Ground Rules« oder Grundprinzipien, die er in seinen Briefen darlegte, sind für jeden Investor gleichermaßen wichtig, egal ob Anfänger oder Profi.

368 Seiten | Hardcover | 34,99 € (D) | ISBN 978-3-89879-932-4

Warren Buffett – Das Leben ist wie ein Schneeball

Alice Schroeder

Warren Buffett zählt seit Jahrzehnten zu den reichsten Menschen der Welt. Alice Schroeder erzählt in dieser aktualisierten Ausgabe die Geschichte seines bewegten Lebens. Buffett verbrachte unzählige Stunden mit der Autorin bei der Beantwortung von Fragen zu seiner Frau, seinen Kindern, zu seinen Geschäftspartnern und Freunden, gab bereitwillig Auskunft zu seiner Kindheit, öffnete seine Fotoalben, gewährte tiefe Einblicke in seine Arbeit, seine Denkweise, seine Kämpfe und Triumphe, legte aber auch seine Torheiten offen.

1152 Seiten | Softcover | 24,99 € (D) | ISBN 978-3-89879-602-6

Die Lehr- und Wanderjahre eines Value-Investors

Guy Spier

Wer träumt nicht davon, einmal ein weltweit erfolgreicher Investor zu werden? Guy Spier hat es geschafft. Sein Abendessen mit Warren Buffett für 650 100 US-Dollar ist nur einer der vielen Höhepunkte einer langen Suche nach den erfolgreichsten Methoden des Value-Investing. Doch wie wird man ein wertorientierter Investor à la Warren Buffett?

Die faszinierende Geschichte eines einzigartigen Werdegangs an der Wall Street mit praktischen Case-Studies und den 8 wichtigsten Investmentregeln.

240 Seiten | Softcover | 16,99 € (D) | ISBN 978-3-89879-738-2